LES

AVENTURES GALANTES

DE

MARGOT

PAR

ARSÈNE HOUSSAYE

NOUVELLE ÉDITION

PARIS
CALMANN LÉVY, ÉDITEUR
ANCIENNE MAISON MICHEL LÉVY FRÈRES
3, RUE AUBER, 3
—
1884
Droits de reproduction et de traduction réservés

22653
ex.1

LES AVENTURES GALANTES

DE MARGOT

CALMANN LÉVY, ÉDITEUR

DU MÊME AUTEUR

Format in-8°

MADEMOISELLE CLÉOPATRE	1 vol.
LES MAINS PLEINES DE ROSES, PLEINES D'OR ET PLEINES DE SANG	1 —

Format grand in-18

L'AMOUR COMME IL EST	1 vol.
LES AMOURS DE CE TEMPS-LA	1 —
AVENTURES GALANTES DE MARGOT	1 —
LA BELLE RAFAELLA	1 —
BIANCA	1 —
BLANCHE ET MARGUERITE	1 —
LES CHARMERESSES	1 —
LES DESTINÉES DE L'AME	1 —
LES DIANES ET LES VÉNUS	1 —
LES FEMMES COMME ELLES SONT	1 —
LES FEMMES DU DIABLE	1 —
LES FILLES D'ÈVE	1 —
HISTOIRES ROMANESQUES	1 —
MADEMOISELLE CLÉOPATRE	1 —
MADEMOISELLE MARIANI	1 —
MADEMOISELLE PHRYNÉ	1 —
MADEMOISELLE ROSA	1 —
LES MAINS PLEINES DE ROSES, PLEINES D'OR ET PLEINES DE SANG	1 —
LA PÉCHERESSE	1 —
LE REPENTIR DE MARION	1 —
LE ROMAN DE LA DUCHESSE	1 —
LA VERTU DE ROSINE	1 —
LA ROBE DE LA MARIÉE	1 —
LES TROIS DUCHESSES	1 —

F. Aureau. — Imprimerie de Lagny.

PRÉFACE[*]

Eh bien! oui, *les Aventures galantes de Margot;* le titre est ainsi fait, et le lecteur aurait grand tort de s'effaroucher. N'est-ce donc pas un joli nom que Margot? Demandez à Ronsard, demandez à la divine pléiade s'il en est un qui inspire de plus fraîches églogues et donne à la strophe un plus charmant air de mignardise et de naïveté? Je sais bien qu'on nous l'a gâté, ce pauvre nom de Margot; que ne gâte-t-on pas? Et c'est là le destin des plus jolis noms, comme aussi de tous les mots précieux dont la belle galanterie fait pour un temps ses exquises délicatesses; ils tombent tout d'abord à la profanation. Aimez une femme, je vous défie de l'appeler

[*] Ce roman rustique a paru en 1837, bien longtemps avant que les adorables paysanneries de George Sand ne fussent publiées; l'auteur n'a pas la prétention d'avoir retrouvé le chemin perdu des conteurs agrestes, mais il veut rappeler les dates pour ceux qui ont quelque souci de l'histoire littéraire.

Nous réimprimons ici une critique qui fit du bruit en ce temps-là. Elle était signée d'un nom déjà aimé, aujourd'hui célèbre : M. Édouard Thierry.

LES ÉDITEURS.

votre amante. Corneille disait : Ma maîtresse! et le disait avec un transport d'âme admirable. Si peu que vous veuillez être convenable, vous direz : Ma maîtresse, du même ton dont vous dites : Mon domestique, et avec moins de complaisance que vous ne dites : Mon cheval. Et combien avons-nous usé de mots depuis Corneille pour ne nommer qu'une seule chose ! Vous rappelez-vous entre mille variantes un sublime pronom? Elle! Elle! a fait fureur. Elle! n'a pas vécu six mois, et je ne vous marchande pas là-dessus. Oser me parler d'Elle! Je vous le donne en trois, je vous le donne en six, à votre gré, si vous croyez que le courage vous viendra. Préférez-vous : Celle que j'aime? Il est évident que vous vous respectez trop pour rien reprendre de ce que la romance et l'opéra comique ont ramassé.

De noms, la dépense n'a pas été moindre. Toute la poésie érotique de l'antiquité a été mise à contribution; la mythologie s'y est épuisée. Dites-moi ce qu'il en reste? Connaissez-vous un lourdeau si arriéré que de soupirer incongrûment : ma belle Amarante! ma blonde Cidalise! Et cependant le siècle de Louis XIII a rimé ses plus adorables sonnets, donné ses plus merveilleux coups d'épée pour ce divin nom de Cidalise. La Fontaine a chanté Amarante. Tout l'hôtel de Rambouillet a chanté Amarante; Voltaire chantait encore Amarante et Sylvie. Sylvie, Amarante, Margot, Cidalise, lequel des quatre choisiriez-vous aujourd'hui? Avouez-le franchement : pas un des quatre; mais peut-être êtes-vous encore plus défavorablement prévenu contre Margot. Savez-vous ce qu'il faut faire? Lisez le roman de M. Arsène Houssaye, et je gage que vos mauvais préjugés n'y tiendront pas.

D'abord le roman de M. Arsène Houssaye est une

curieuse et charmante idylle? Une idylle; cela vous étonne? Et pourquoi non? C'est une idylle toute nouvelle, sans berger poëte et sans petits moutons frisés. Vous n'y trouverez ni guirlandes de roses suspendues la nuit au seuil des cabanes, ni rubans au bout des houlettes, ni houlettes d'acajou luisant. Des arbres n'ont pas le malheur de porter sur leur écorce chiffres enlacés, quatrains, couplets ou rondeaux. L'auteur est de trop bon goût pour s'être permis la moindre tirade sur l'innocence des mœurs champêtres, la félicité du laboureur, la corruption des villes et la sagesse aimable des vieillards du hameau. Rien de tout cela, je vous assure, et encore moins de rondes légères autour du mai fleuri, de luttes pastorales, de béliers pour prix du vainqueur. J'en suis fâché pour Berquin, Gessner et Florian; M. Arsène Houssaye a cru se devoir à lui-même et devoir au lecteur tout un chapitre pour faire excuser les mains blanches et les petits pieds de Margot. M. Arsène Houssaye ne croit donc à rien? Si fait vraiment. Il croit à sa Margot d'abord, et puis il croit au paysage : le paysage l'a séduit; il s'y est laissé reprendre de bonne foi, et il a écrit son roman entre la cabane de Margot et le moulin de Jacques.

N'a-t-il pas eu bien raison? Est-ce que le poëte ne trouvera pas toujours en nous de bonnes et douces émotions à remuer avec les choses de la nature, les frais aspects, les horizons riants, un souffle d'air sur des touffes de violettes, un rayon de soleil dans les feuilles, un ciel bleu et perlé au-dessus de tout? Le paysage est toute la poésie, le paysage est tout l'art humain. Le paysage est un livre, un tableau, un concert. C'est du dessin dans sa ligne la plus pure; de la couleur dans sa richesse la plus splendide, dans son jeu le plus varié de lumières, d'ombres et de reflets ; c'est du chant le plus harmonieux que l'oreille puisse entendre, et ce n'est pas seulement du chant : la même voix qui chante parle et enseigne ; le paysage est encore une révélation.

Mais ne nous perdons pas si loin. Concevez-vous quel charme de placer une action, un petit poëme touchant, une simple histoire du cœur, dans le beau cadre du paysage ; de jouer sa pensée éclose en drame ému sur cette scène merveilleuse qui l'enveloppe de toute part, lui prête son sable d'or, ses gazons d'émeraude, ses fonds de la couleur du ciel ou de la couleur des montagnes, et sa grande voûte d'azur, qui sourira tant qu'il vous plaira de sourire, s'assombrira s'il faut que vous vous attristiez ; qui a des voiles tout prêts pour vos heures sombres, des rosées pour vos larmes, des rayons pour vos joies, du silence pour votre mélancolie, et comme une allégresse pour vos ravissements. D'ailleurs ne craignez jamais que la scène immense n'écrase vos humbles acteurs. Cette mère nature est grande, mais elle est divine, et le plus petit n'est pas perdu sur son sein. L'aurore se lève, l'horizon s'illumine, les brouillards descendent du ciel et remontent vers les nuées, les pointes des coteaux s'allument au soleil éclatant, les forêts secouent leurs têtes humides et rayonnent de toute leur verdure ; mais l'aurore est plus belle sur le moulin de Jacques, mais l'aurore est plus belle sur la baraque de Margot.

Et vous voulez savoir l'histoire de Jacques et de Margot ? Je vais vous la dire :

Margot est une jolie fille de Martigny qui a sa baraque dans la vallée, tandis que Jacques a son moulin sur la montagne; mais les yeux de Margot s'en vont plus souvent à la montagne que les yeux de Jacques ne descendent à la vallée. Pauvre fille! elle est pourtant bien belle, et elle a bien envie de l'être. Elle a donné une poule pour un miroir le jour où son cœur a trouvé beau le garde-moulin.

Par malheur, un jour que le moulin se taisait et tenait ses grands bras en croix, Jacques monta nonchalamment sur les traverses de l'aile, et s'y percha pour dormir au soleil. Jacques ne dormit pas; Jacques vit passer le long des seigles et des buissons d'églantier une belle demoiselle de Paris, mademoiselle Clotilde, la fille de madame d'Ermanes, et ce jour-là, Jacques crut que Dieu avait fait deux soleils. Or, pendant que Jacques regardait ébloui celui des deux soleils qui n'était pas le soleil des cieux, une bouffée d'air capricieuse chassa l'aile du moulin; Jacques poussa un cri, mademoiselle Clotilde en poussa un autre; Jacques se recommanda à Dieu et à sa mère; mademoiselle Clotilde courut héroïquement se suspendre au vilain bras décharné de la machine, et Jacques fut sauvé; mais Jacques devint fou d'amour.

Quand vint la nuit, les yeux de Jacques veillaient, la lampe de Margot luisait; Jacques ne s'aperçut même pas que Margot avait allumé sa lampe.

Le lendemain, il fallut que Jacques allât chercher le blé du château. Jacques monta sur son âne; Jacques se dit tout le long du chemin : Je verrai mademoiselle Clotilde; et l'âne fut battu, et l'âne n'alla jamais si bon train. Mais quand Jacques fut arrivé à la porte du château le cœur lui battit, le courage lui manqua; il vit mademoiselle Clotilde et fit trois maladresses; mademoiselle Clotilde ne put s'empêcher de rire ; Jacques retourna désespéré au moulin.

Il avait cruellement compris qu'il avait besoin d'être beau, comme la pauvre Margot avait naïvement compris qu'elle avait besoin d'être belle ; mais Margot avait acheté son miroir pour Jacques ; Jacques n'acheta pas de miroir : il prit en haine sa blouse et ses sabots ; il se dit qu'il lui faudrait un jour avoir des habits comme ces élégants chasseurs du château de madame d'Ermanes, qui l'avaient humilié devant Clotilde ; il jura dans son cœur qu'il se ferait semblable à eux pour l'amour d'elle.

Et cependant Margot pleurait, Margot se regardait à son miroir, Margot se regardait dans les belles eaux claires, Margot demandait au puits qui parle si elle était aimée de Jacques ; son miroir lui disait qu'elle avait les plus jolis yeux noirs du monde, les belles eaux claires lui baisaient les pieds et s'attiédissaient d'amour en la caressant ; mais le puits qui parle lui répondait que Jacques ne l'aimait plus.

En revanche, le garde-chasse qui avait de bons yeux quoiqu'il ne lui restât qu'un bras, grand dénicheur de fillettes à son temps, fin connaisseur encore et toujours galant comme il l'avait été à l'armée, voulait lui apprendre que Cupidon est l'antipode de Mars, et lui faisait une petite guerre d'œillades, de compliments et de malices qui n'embarrassaient pas peu la jolie fille. Ainsi vont les ailes du moulin, ainsi vont les pauvres amours dans ce monde, se poursuivant sans cesse et ne s'atteignant jamais. Le garde-chasse, couché dans les seigles, suivait des yeux Margot dans le chemin ; Margot cherchait à la fenêtre du moulin la blouse blanche de Jacques; Jacques n'avait de regards que pour la fenêtre de Clotilde; et Clotilde allait épouser M. de Marcy.

Je ne vous ai pas dit que Jacques avait voulu se tuer ? Si vraiment. Il s'était un beau jour suspendu des deux mains à l'aile de son moulin en volée; Clotilde l'avait déjà sauvé là; c'était pour elle qu'il revenait y mourir. Jacques alla tomber du haut de la colline dans la vallée, tout auprès de sa mère, qui lavait la lessive du château, tout auprès de Clotilde qui était venue visiter les travailleuses. On alla chercher la sorcière. La sorcière dit aux laveuses : Prions la sainte mère de Dieu, et elle s'agenouilla. Clotilde s'agenouilla auprès d'elle. Si Jacques avait pu voir Clotilde à genoux priant pour lui !... Madame d'Ermanes gronda sa fille.

Qui pleura bien, ce fut Margot quand elle vit porter son beau Jacques mourant sur des branches de peuplier. Qui eut au cœur la joie des anges? ce fut Margot encore quand on déposa son beau Jacques sous ses rideaux blancs et dans son lit. Elle le veilla toute la nuit, la mère de Jacques veilla avec elle. Le matin la mère de Jacques dormait; le matin, je ne sais comment, les lèvres de Margot s'en allèrent au front de Jacques, où toute la nuit son pauvre cœur s'en était allé le premier.

Le soleil vint à son tour baiser le front du garde-moulin; Margot ne songea pas à en être jalouse; mais Clotilde vint à son tour, et Jacques, qui ne s'était éveillé ni au baiser de Margot, ni au baiser du soleil pâle, se réveilla quand vint Clotilde; et du côté où se tenait Clotilde, Margot, jalouse, abaissa le rideau. — Laisse-moi voir le soleil, murmura Jacques. — Le soleil, c'était Clotilde : Margot le comprit bien, elle releva le rideau, et de désespoir elle le déchira.

Jacques guérit de sa blessure; mais il ne guérit pas de son ambition. Il entendit parler le garde-chasse, il voulut être soldat. Il entendit parler le maître d'école, il voulut être académicien. Margot ne voulait qu'être aimée de Jacques.

Jacques lui dit un jour : Jamais ! Margot se jeta à la rivière. Jacques, cependant, lisait trois volumes dépareillés qu'il avait trouvés je ne sais où : un recueil de poésies du XVIIe siècle, un volume de Jean-Jacques, un volume de Béranger.

A travers sa lecture, Jacques entendit joyeusement sonner les cloches. Il y a un mariage, se dit-il, et il se mit à la lucarne du moulin. Ses yeux se portèrent par habitude à la fenêtre de mademoiselle Clotilde, il la vit passer en robe blanche, en robe de fiancée. La rage le prit aux entrailles; il courut à l'église : quand il en sortit, Clotilde s'appelait madame de Marcy.

Margot sortit aussi de l'église. Le garde-chasse, qui ne la quittait jamais des yeux, l'avait vue se précipiter à l'eau; il s'y était jeté après elle, et la mort n'avait pas plus voulu de Margot, qu'elle n'avait voulu de Jacques au printemps. Margot crut devoir aimer son sauveur par reconnaissance; et par dépit, en croyant se venger de Jacques, elle épousa le vieux soldat manchot.

Margot n'avait pas prévu la première nuit des noces. Elle y songea tout le jour de son mariage; elle ne voulut ni boire, ni manger, ni sourire; elle regarda tristement voler les hirondelles; elle demanda au bon Dieu de lui donner à elle aussi des ailes de satin noir pour qu'elle pût revenir à lui dans les cieux. Le bon Dieu ne voulut pas l'entendre, et la nuit venue, comme le garde-chasse, fiévreux d'amour et de vin, voulait dire : Je suis le maître! Margot s'enfuit par les champs.

Par les champs elle trouva Jacques. La pauvre enfant s'était gardée vierge pour lui; mais elle était mariée, elle se garda vierge encore pour Dieu et pour son saint nom d'épouse. Le matin, elle revint à la baraque. Jacques dévorait le chemin sur la route de Paris.

Le garde-chasse mourut; l'ivresse de la veille, sa fièvre de la nuit, une lutte avec tous les conviés de la noce, un sceau d'eau glacée qui lui fut jeté sur le corps, et puis l'âge, et puis, faut-il le dire? le besoin du roman, le menèrent de vie à trépas. Margot, écrit l'auteur en tête de son chapitre, devint veuve sans avoir rien perdu.

Veuve, elle songea à Jacques; elle courut à Paris, elle le retrouva. Jacques mourait de faim et de froid. Margot le réchauffa du feu de son cœur; Margot le nourrit du prix de sa croix d'or. Mais Jacques pensait toujours à ses deux maîtresses : la gloire et Clotilde. Un jour qu'il trouva un libraire et que ce libraire le mit en œuvre, il trahit sa pauvre Margot, la renvoya à Martigny, lui promit de l'y suivre elle-même, lui dit d'annoncer son retour à sa mère, et la mère désolée mourut sans avoir revu son fils. Jacques apprit cette mort au moment de son triomphe; il avait atteint son double but, il était monté au sommet de la gloire littéraire; il ne se nommait plus Jacques, il se nommait Jacques de Martigny, M. de Martigny, M. le comte de Martigny. Clotilde était devenue sa maîtresse.

M. de Marcy de son côté vivait avec des demoiselles.

Margot revint encore vers Jacques. Elle demanda

Jacques à l'hôtel de Martigny, les valets la mirent à la porte; le comte de Martigny sortait dans sa voiture avec Clotilde, les chevaux renversèrent Margot sur le pavé. Margot reprit la route de Martigny. Et là, seule, délaissée, elle se nourrissait du miel amer de ses souvenirs, elle écoutait le son des cloches, elle regardait le moulin et ses quatre ailes qui tournoyaient dans l'air : elle voulut encore baigner ses pieds dans les belles eaux fraîches, auprès du petit pont, et elle vit encore les nuages qui se miraient au fond de la rivière. Hélas! il y avait donc toujours là ce qu'il lui fallait pour être heureuse, si Jacques lui revenait; mais Jacques ne revenait pas, et Margot s'en allait s'éteignant âme et corps.

Comme déjà la mendiante priait au pied du lit, Margot se réveilla de la mort, parce qu'elle avait entendu Jacques. Elle ouvrit les yeux et elle le vit. C'était lui, c'était Jacques le garde-moulin; il avait ses sabots d'autrefois et sa blanche veste de toile tout enfarinée; c'était Jacques qui lui avait dit : Jamais! et qui lui disait : Toujours! Margot n'eut plus regret au Paradis. Elle aimait mieux Jacques que les anges.

Clotilde vint à passer. Elle avait poursuivi Jacques fugitif, elle voulait le ressaisir et frappait à la cabane. Quand elle vit son amant dans sa mauvaise blouse et dans ses méchants sabots : « Êtes-vous fou? lui dit-elle. — Je deviens sage, Madame; » et Clotilde partit.

Voilà les aventures de Margot.

Croyez-vous que ce soit là une donnée simple, une histoire touchante? Eh bien, je vous assure que cette histoire, M. Arsène Houssaye l'a racontée avec un charme infini. Il a su trouver pour la dire, une forme neuve et choisie; il a mis dans son style toute sa poésie d'abord, et par reflets, comme dans une étoffe changeante, cette naïveté gracieuse dont Perrault avait laissé le modèle inimitable avec son Petit Chaperon Rouge et sa Belle au bois dormant. D'ailleurs, ce style de M. Arsène Houssaye, sous sa légèreté apparente, cache un précieux travail d'artiste. C'est un de ces styles que l'on lit avec curiosité, sans permettre à ses yeux d'en passer une seule ligne, parce que l'on sent que l'auteur a droit d'être suivi jusqu'à son dernier mot. Qu'on y prenne garde : le lecteur, je dis même le lecteur illettré, a plus qu'on ne croit le respect des œuvres patientes. Quelque chose dont il ne se rend pas compte, un intérêt nouveau pour lui, l'avertit tout à coup qu'il faut que son attention se surveille, qu'elle devienne plus délicate et plus retenue. Et cela est juste après tout. On n'écrit qu'à la sueur de son front ; mais on ne fait un livre qu'à la condition d'écrire.

Le roman de M. Arsène Houssaye est un livre. On reprochera sans doute quelque peu de prétention à sa phrase ; elle ne se tient pas toujours assez en garde contre la manière, elle dérive parfois au précieux ; mais quoi ! n'est-ce pas l'excès, d'une qualité excellente ? Cette qualité, c'est le soin curieux de la forme, le choix du mot, l'érudition du tour, et la science du dessin franc étudié dans les vieux maîtres. Ce n'est pas non plus si peu de chose peut-être que d'avoir osé revenir au joli et au gracieux. A la bonne heure au moins : depuis si longtemps que l'on parle de littérature simple, et que l'on écrit de la littérature niaise pour les badauds, voici de la simplicité enfin ; mais de la simplicité artistique, pleine de fraîcheur, de coloris et de bon goût.

Voilà un livre complet, un livre souriant où tout est

conçu dans une charmante unité de teintes fraîches et transparentes. Tout y est pur, tout y est réjoui; les paysages sont calmes, et plus ravis de sérénité que de soleil. La nuit n'est qu'un crépuscule, les ombres sont claires; les douleurs n'ont de larmes que sous la paupière, ou bien les larmes qui tombent deviennent perles sur les joues. Le chagrin rend les visages plus doux, l'amour gazouille comme font les oiseaux; c'est bien là ce que le XVIIe siècle appelait de la poésie galante, et le livre est bien nommé : *Les Aventures galantes de Margot.*

ÉDOUARD THIERRY

LES
AVENTURES GALANTES
DE MARGOT

I

OU MARGOT NE SAIT PAS SI ELLE EST BELLE

Dans la vallée de Martigny fleurissait un jardin, dans ce jardin se profilait une baraque, et dans cette baraque chantait une jeune fille.

La vallée de Martigny, formée par deux montagnes couvertes de bruyères, de moulins à vent et de grands chênes, est bien la plus pittoresque des vallées champenoises.

Le jardin de la baraque, ombragé de quatre pommiers, était ceint de sorbiers et de haies d'épines blanches; les allées, tapissées d'herbes, glissaient en se contournant comme des couleuvres, à travers les pois odorants, les vertes tiges des carottes et la chicorée dentelée; ces plantes nourricières étaient autant l'ornement du jardin que les fleurs un peu sauvages que Margot ne cultivait que par fantaisie.

La baraque du jardin penchait et chancelait comme une vieille femme ; elle était étayée par quatre troncs de hêtre blanchis par la pluie et déchirés par les mille griffes du temps ; le toit, couvert en chaume, n'offrait plus aux yeux le moindre brin de paille : le chaume s'était consumé ; le lichen et la mousse envahissaient tout et tendaient leurs mille petits bras aux plantes grimpantes qui s'élevaient du mur au toit. Sous la poussière fécondante du vent, des milliers de fleurs s'étaient épanouies sur cet étrange jardin.

Contre la cheminée, qui jetait, par intervalles, quelque blanche bouffée, de belles giroflées balançaient leurs panaches jaunes au-dessus d'une touffe de violettes fort surprises de se trouver là. A l'angle du pignon, une guirlande de vigne vierge semblait se complaire en ses ondulations ; il fallait la voir s'enlacer amoureusement à deux grands églantiers qui grimpaient de chaque côté de la porte pour offrir des roses à Margot.

La jeune fille qui chantait, c'était Margot.

Elle avait seize ans, des yeux noirs, une baraque, un jardin, une vache rousse, un chat gris, une chèvre blanche, un cochon, quatre poules, un coq et la bénédiction de sa mère.

Mais Margot était seule dans ce monde comme une colombe envolée de son nid.

Déjà les amours, les espérances, les chimères, s'abattaient dans son âme comme les abeilles gourmandes dans les fleurs du sainfoin ; déjà les désirs chantaient en elle comme les linots jaseurs dans les jeunes buissons; mais les chants étaient si vagues et si confus, qu'elle croyait entendre une mélodie lointaine.

Dès que l'aurore dispersait sa chevelure d'or, Margot descendait de son lit de poirier tout mouflu de paille d'avoine. Elle passait sa jupe rayée en cherchant à saisir les formes incertaines et fugitives des songes qui l'avaient caressée la nuit; sa jupe mise, elle agrafait sur sa poitrine toute palpitante encore une brassière à grands ramages dont sa mère dans le temps passé se parait aux fêtes de Noël et de Pâques; la brassière agrafée, Margot se coiffait d'un bonnet à la Charlotte Corday, et, glissant ses jolis pieds dans des sabots disgracieux, elle s'en allait au jardin planter ou recueillir, selon le temps et la saison.

Quand le soleil avait bu la rosée, Margot donnait la clef des champs à sa vache rousse, à son cochon et à sa chèvre blanche.

La chèvre blanche bondissait joyeusement vers

un champ de trèfle dont les têtes rouges ondoyoient devant la fenêtre de la baraque. Margot la suivait en appelant son chat, qui guettait les oiseaux sous quelque groseillier touffu du jardin.

Le dimanche, pour la messe et pour la danse, Margot se parait de sa plus belle jupe, de sa plus belle brassière et de son chapeau de paille, garni de velours rouge : le dimanche surtout elle était charmante ; les galants de Martigny se souviennent encore de sa toute petite croix d'or, dont le ruban noir se dessinait sur la blancheur éclatante de son cou; c'était un souvenir maternel qui reposait sur sa gorge, une sentinelle sacrée qui gardait la virginité de son cœur.

Il arriva qu'un jour Margot devint rêveuse et demeura longtemps à contempler un moulin perché pittoresquement au sommet de la montagne et dont les ailes gonflées par le vent d'est se pourchassaient avec beaucoup de légèreté. Margot ne voyait pas seulement le vol rapide des ailes du moulin, elle voyait aussi, à une petite fenêtre ovale, une forme blanche qui paraissait et disparaissait à chaque instant : cette forme blanche n'était rien autre chose que la tête enfarinée du garde-moulin, car le garde-moulin s'était pris d'amour pour Margot, et il contemplait sa baraque comme elle contemplait son moulin.

Elle s'avança au-dessus d'un ruisseau qui servait de limites au champ de trèfle, et demanda au miroir flottant si elle était belle. Jusque-là elle avait vécu fort insouciante de ses beautés ; jamais le moindre miroir n'avait orné la baraque, et s'il lui arrivait de regarder son image, c'était seulement quand elle franchissait les ruisseaux, — quand elle conduisait sa vache à l'abreuvoir.

Ce jour-là le miroir était troublé par le passage des cochons du fermier voisin : elle ne put voir dans l'eau ni sa fraîcheur, ni l'éclat de ses yeux, ni les roses de ses joues.

— Si j'étais laide ! dit-elle avec angoisse.

Le soir elle s'en fut à Martigny, plus alerte et plus pimpante que jamais ; elle avait à la main un petit panier ; de temps en temps elle jetait un regard à la dérobée sur le moulin de la montagne dont les ailes, devenues paresseuses, se suivaient comme à regret.

Margot allait à Martigny vendre une de ses poules pour acheter un miroir.

— Pauvre Brunette ! dit-elle en baisant la poule : elle m'a pourtant pondu six œufs depuis dimanche !

Quand elle se vit — belle, — elle rougit et se cacha les yeux et les joues dans sa main.

II

OU MADEMOISELLE CLOTILDE FAIT OUBLIER MARGOT

Tic — tak — tac
Tic —— tak —— tac
Tic ——— tak ——— tac.

Le vent s'endormait dans la vallée de Martigny et le moulin de la montagne semblait s'endormir aussi. Ses quatre ailes, dont toutes les toiles étaient tendues, frémissaient à peine aux dernières brises.

Pendant que Margot allait à Martigny, toute rêveuse et toute palpitante d'amour ; le garde-moulin qui l'avait lorgnée sentimentalement, était agenouillé sur l'herbe du coteau, devant un groseillier épineux dont il cueillait, par distraction, le fruit encore vert. — Il alla se pendre aux ailes paresseuses, qui bientôt s'arrêtèrent en croix ; — il grimpa rapidement jusqu'à la dernière latte de l'aile pendante ; il oublia qu'il n'avait pas baissé le frein, et regarda le soleil qui s'éteignait dans les marais.

Sans qu'il s'en doutât le moins du monde, ses yeux errants s'arrêtèrent encore sur la baraque de Margot ; plutôt que ses yeux, son cœur lui dit que la baraque était déserte, et je ne sais quel aimant irrésistible attira son regard sur le chemin sinueux où marchait nonchalamment Margot. — Qu'elle est charmante ! s'écria-t-il avec enthousiasme. — Que je suis content d'aimer Margot !

Le garde-moulin se nommait Jacques : il avait

pour trône un moulin à vent, et pour couronne un bonnet de coton. L'histoire de sa vie n'offrait rien de bien dramatique. Il était né à Martigny, une bourgade qui était pour lui le monde. Il savait lire, mais il n'avait rien lu. Il croyait que sa destinée était de vivre dans son moulin. Il s'enfarinait dans la plus douce ignorance et gouvernait le moulin de son maître avec une fierté majestueuse.

Son existence, tout aérostatique, était calme et sereine au milieu des orages et des tempêtes qui assiégeaient le moulin. Son isolement avait répandu dans son âme une tristesse presque poétique ; le jour, il passait de longues heures à regarder les métamorphoses des nuages : la nuit, sa vue se perdait dans les étoiles : le ciel était son théâtre, et souvent il se demandait quelle étrange comédie se jouait là-haut.

Jacques avait des goûts fort agrestes : il aimait les violettes perdues dans les grandes touffes d'herbe des bords de la montagne, les marguerites étoilant les nappes de verdure, les bleuets qui se détachaient des tons pâles des seigles; souvent il allait s'extasier sur le coteau, devant un bouquet d'églantiers et d'aubépines, dont les tortueux rameaux s'enlaçaient avec volupté.

Depuis quelques minutes il ne regardait plus Margot, mais une jeune fille qui gravissait le versant de la colline de Martigny :

C'était mademoiselle Clotilde d'Ermanes, une jolie Parisienne, qui était depuis un mois revenue au château.

Arrivée près du moulin, elle s'assit et s'éventa avec une branche d'églantier qu'elle venait de cueillir sur le coteau.

Comme elle suivait des yeux un nuage empourpré qui passait au-dessus du moulin en glissant du sud au nord, elle aperçut Jacques qui la contemplait, et qui, voyant sa belle tête élevée vers lui, éprouva une émotion si violente, qu'il se raidit et se renversa sur l'aile pour ne pas tomber. Clotilde sourit en pensant au grotesque affublement du garde-moulin. A cet instant, Jacques poussa un grand cri : — elle se retourna avec effroi : une bouffée de vent frappait les ailes, et, dans sa contemplation, Jacques n'avait pas prévu qu'elles prendraient leur volée. Mademoiselle d'Ermanes pâlit, s'élança sous le moulin, et se suspendit à l'aile qui eût emporté Jacques malgré ses recommandations à Dieu et à sa mère.

Cet héroïque entraînement troubla le peu de raison qui restait au garde-moulin. Il descendit quatre à quatre et tomba à genoux aux pieds de Clotilde, qui s'enfuit chez sa mère, oubliant sa branche d'églantier.

En ce moment la pauvre Margot n'était plus sur le chemin de Martigny ni dans le cœur de Jacques.

III

OU L'ON VOIT BRILLER LES YEUX DE JACQUES ET LA LAMPE DE MARGOT

A la nuit close, un âne haletant sous une charge de blé et une jeune fille rouge et joufflue vinrent s'arrêter sous le moulin ; c'étaient l'âne et la servante du meunier. Dès que sa charge fut à terre, l'âne s'ébattit gaiement sur le gazon ; la servante monta au moulin et surprit Jacques en méditation devant la branche d'églantier.

— Jacques, lui dit-elle en s'asseyant très-près de lui, la mère *Midi à quatorze heures* s'est plainte que son pain était bis, et Jean-Claude m'a répété que ta mouture était trop grande ; il faut y prendre garde, Jacques, le bonhomme irait ailleurs. Et puis, madame Leblanc n'a jamais assez de son. C'est comme si elle en mangeait !

La servante s'avança vers l'escalier.

— Ah ! j'oubliais. Madame la comtesse d'Ermanes m'a dit que son blé était battu ; tu iras demain matin le quérir.

Jacques pâlit, Jacques fut pendant quelques minutes ivre et fou.

— Hélas ! dit-il tout bas, oserai-je maintenant paraître au château !

Le vent s'éleva et le ciel se couvrit de vapeurs courantes ; Jacques passa la nuit au moulin. Il évoquait sans cesse les charmants souvenirs du soir, et disait aux étoiles en les voyant scintiller :

— Étoiles, mes belles étoiles, vous me rappelez

ses yeux. — Quand deux nuages traversaient le ciel, enchaînés comme deux amants, il les suivait dans leur course, et tremblait de ne pas les voir se confondre à l'horizon. Il regardait souvent la plus lointaine lumière de la vallée de Martigny et s'écriait en frémissant d'amour :

— C'est là.

Une autre lumière brillait dans la vallée de Martigny : c'était la lampe de Margot. La pauvre fille lissait ses cheveux devant son miroir, et levait souvent ses grands yeux vers le moulin de Jacques.

Hélas! les regards de Jacques ne s'arrêtaient pas sur la lampe de Margot.

IV

JACQUES TOMBE EN BAS DE SON ANE,
ET NE POUVANT PRESSER MADEMOISELLE CLOTILDE
SUR SON CŒUR,
IL Y PRESSE AMOUREUSEMENT DES ÉPINES

Le lendemain, Jacques, pittoresquement juché sur l'âne de son maître, descendit au soleil levant la vallée de Martigny; ses regards rêveurs plongeaient sans cesse dans les marronniers qui masquaient le château de madame d'Ermanes. Quand il fut dans l'avenue et qu'il vit la blanche et aristocratique façade, il oublia qu'il était sur un âne, il lui sembla qu'il rêvait et qu'il se précipitait du haut des volants de son moulin. Les oreilles de l'âne, obliquement dressées, le rappelèrent à la réalité. Près d'arriver à la grille, il arrêta sa bête, n'osant franchir le seuil. Il aurait voulu qu'un grand événement le dispensât d'entrer. Son désir de revoir Clotilde étouffait sous la crainte de reparaître à ses yeux. Enfin il secoua la bride, et l'âne reprit sa marche. Madame d'Ermanes, sa fille et deux jeunes chasseurs étaient assis au milieu de la cour, à l'ombre d'un vieux et gigantesque tilleul qui balançait sa tête blanche de fleurs. Jacques entrevit presque avec effroi, ce groupe de quatre personnes. Un bruyant éclat de rire lui vint à l'oreille. Il cherchait un moyen de ne point passer près du tilleul, quand il rencontra le palefrenier. Il le pria d'avertir madame d'Ermanes de son arrivée ; le palefrenier lui répondit qu'il ne se dérangerait pas pour si peu. Cependant l'âne avançait toujours : Jacques recommanda son âme à Dieu et son corps à son âne. A peine fut-il sous le tilleul, qu'il s'y fit un silence terrible; il fut assailli de regards malins et de sourires moqueurs. Il prit son bonnet pour saluer : un nuage de farine couvrit l'assistance ; cette maladresse prévue, qui poudrait à blanc quatre personnes, lui donna des couleurs de cerise et de coquelicot.

— Jacques, mon ami, tu ne changeras pas, dit madame d'Ermanes.

Jacques demeura muet et laissa retomber la bride sur le cou de l'âne, qui, en bon philosophe, promenait ses dents sur la pelouse. Un des chasseurs se mit à déclamer avec solennité ce vers de La Fontaine :

Le plus âne des deux n'est pas celui qu'on pense.

Clotilde sourit — hélas ! — au moment même où Jacques, le pauvre Jacques, la regardait...

Pour la première fois de sa vie, le garde-moulin pensa qu'il était ridicule ; il regarda avec dépit ses sabots monstrueux et ses vêtements de grosse toile enfarinée. Le charbonnier hors de son fourneau et le meunier loin de son moulin, sont des citoyens d'un autre monde : on dirait des huîtres sorties de leurs coquilles.

— Eh bien ! mon ami Jacques, reprit madame d'Ermanes, ta mère lave ma lessive aujourd'hui. — Mais quelle mine de hibou as-tu donc là?

Jacques baissa les yeux sur la tête inclinée de son âne. La bride était pendante; il essaya de l'attirer à lui, mais il se pencha trop, perdit l'équilibre et tomba. Cette chute lui rappela soudain l'aventure de la veille : un nuage passa devant ses yeux; il voulut se relever, mais son pied s'était glissé dans la bride, et l'âne sentant une vive résistance, se permit un entrechat et le fit retomber. L'assistance, qui avait eu pitié de lui à la première chute, n'y tint plus et rit à gorge déployée. Il dégagea enfin son pied et reparut tout rouge et tout blanc.

Madame d'Ermanes dit au palefrenier de conduire le garde-moulin à la grange. Jacques regarda à la dérobée une seconde fois Clotilde. — Toujours un sourire, un sourire moqueur sur les lèvres! — Il s'éloigna avec le désespoir dans l'âme.

— Ah! dit-il avec fureur, s'il ne fallait que mourir mille fois pour n'être plus une pauvre bête du bon Dieu!

Quelques minutes après, l'âne et le garde-moulin sortirent du château. Jacques suivait tristement sa bête et ne pouvait secouer la honte qui l'affaissait. Au bas de la montagne, il entrevit Margot qui semblait sommeiller à deux pas de sa chèvre. Un remords passager traversa son âme; il voulut lui tendre les bras, il voulut lui crier : — Console-moi, console-moi, Margot! — Mais ses bras et sa voix, fidèles à son cœur, résistèrent à cette bonne pensée.

De retour au moulin, il pleura comme un enfant ; il saisit la branche d'églantier et la pressa contre sa poitrine : les épines entrèrent et le sang jaillit.

V

UN GARDE-CHASSE SENTIMENTAL APPREND A MARGOT
QUE CUPIDON EST L'ANTIPODE DE MARS

Margot ne vit point Jacques. Nonchalamment couchée sous les peupliers de la grande prairie de Martigny, elle sommeillait à son passage, agitée par deux visions. Les yeux de son imagination suivaient tantôt les folâtreries d'un bel oiseau bleu qui errait à l'entour, tantôt le battement d'ailes d'un aigle gigantesque suspendu au-dessus d'elle. L'oiseau bleu était un songe couleur de rose qui lui disait galamment à l'oreille de belles chansons d'amour dont son âme était ravie; l'aigle gigantesque était un songe couleur de deuil qui lui jetait par intervalles son cri lugubre. Tout à coup il fondit sur elle comme sur une proie. Elle poussa un cri et s'éveilla en se débattant. Elle regarda autour d'elle d'un air effaré; rien n'était changé, la terre tournait toujours; mais la chèvre n'était plus dans la grande prairie; elle secouait sa longue barbe sur la lisière d'un jeune bois et semblait narguer Pierre, le garde-chasse de château, qui s'était glissé sous les peupliers, et qui attendait le réveil de Margot pour l'avertir charitablement qu'il fallait dormir la nuit afin de veiller le jour à la garde de sa bête. Il laissait manger le bien d'autrui avec beaucoup d'insouciance, et ne pensait guère à interrompre le sommeil de Margot, tant il aimait le spectacle des palpitations de sa gorge et l'angélique candeur de sa figure endormie.

— Oh ! mon Dieu ! s'écria Margot en se levant.

— Calmez-vous, la belle ; nous ne sommes pas un tyran. Le Français est courtois, et nous sommes Français, surtout avec des Françaises comme vous. Ah ! mille fariboles, quels beaux yeux ! la musique du régiment ne chantait pas si bien !

Le garde-chasse s'approcha gaiement de Margot et lui fit un salut respectueux.

— Car nous n'avons pas toujours servi la comtesse, nous avons servi la patrie...

Le garde-chasse leva la main à son chapeau, et regarda piteusement une de ses épaules, qui était veuve de son bras,

— *Requiescat in pace*, — c'est un petit désastre. Nous avons aussi servi sous Cupidon.

— Quel est ce monsieur-là ? dit Margot toute troublée.

Le garde-chasse sourit avec pitié de l'ignorance de la jeune fille.

— Ce monsieur-là n'est point un monsieur, c'est un dieu, — et quel dieu, mille fariboles !

— Je croyais qu'il n'y en avait que trois ?

— Dans le catéchisme, oui ; mais le catéchisme est une chimère inventée pour faire peur aux enfants. Trois dieux, quelle sottise ! Et Mars, et Bellone, et Neptune, pour qui les prend-on ? pour des diables, peut-être ?

Margot ouvrait de grands yeux ; le garde-chasse riait sous cape, et la chèvre s'enfonçait dans les jeunes pousses.

— Et moi qui n'ai jamais prié ces dieux-là, pensait Margot.

— Ah! vous avez servi Cupidon, reprit-elle sans trop savoir ce qu'elle disait.

— Oui, la belle ; avant, pendant et après. — Et je n'ai pas encore demandé ma retraite.

— Le dieu Cupidon n'est donc pas le dieu de la guerre ?

Margot rougit par instinct. — Il y avait tant

d'innocence dans son regard, tant de candeur dans sa voix, que le garde-chasse rougit aussi.

— Au contraire, dit-il avec quelque trouble, Cupidon est l'antipode de Mars.

— Je ne comprends pas, dit ingénuement Margot.

— C'est-à-dire que Mars nous mène au cimetière, tandis que Cupidon...

VI

D'UNE JARRETIÈRE, D'UN PIED MIGNON, ETC.

Margot appela et poursuivit sa chèvre ; mais la vagabonde, enivrée des parfums sauvages du trèfle, répondit à sa voix par des cabrioles. Après une heure de bonds et de zigzags, elle entraîna la pauvre fille à la sortie de la vallée de Martigny, devant une petite rivière qui passait là fort silencieusement sur un sable orange, émaillé de cailloux bleus et de coquillages roses. A la vue de l'eau verte et transparente de la rivière, la chèvre oublia ses enfantillages et y trempa sa barbe narquoise. A peine eut-elle bu une gorgée, que Margot la saisit en s'écriant : — Ah ! maudite bête ! tu m'as fait perdre mes sabots !

La chèvre voulut bondir encore, mais Margot l'entraîna dans un bois de noisetiers, et, s'assurant que nul ne la verrait, elle dénoua sa jarretière et attacha la vagabonde à une branche pendante.

L'univers saura plus tard de quelle couleur était la jarretière de Margot.

Sans trop me compromettre, je puis vous dire qu'elle n'était ni blanche, ni noire, ni rose, ni bleue, ni jaune, ni verte.

Margot revint au bord de la rivière, et, s'asseyant sur une pierre que la main du hasard avait roulée là, elle tira ses bas et se baigna les pieds.

Vous savez que Margot a seize ans et deux yeux noirs; ce que vous ne savez pas c'est qu'elle a des mains très-blanches et des pieds très-mignons, — des mains et des pieds que ne cacherait pas une grande dame, — et des dents qui feraient rire une princesse pour les montrer.

Pendant qu'elle se baigne les pieds, leur généalogie nous dira peut-être, si nous voulons, la cause de leur mignardise.

Mais que les pieds de Margot viennent de Dieu ou du diable, du ciel ou de l'enfer, ils n'en sont pas moins charmants, et jamais la rivère qui les baignait ne fut plus frissonnante et plus douce; les flots, en s'approchant, ouvraient leurs lèvres de cristal.

Margot, toute rêveuse et tout émue, regardait les nuages au fond de la rivière. Quelquefois sa vue se perdait dans une grande tige à fleur d'or qui luttait sans cesse contre le courant, et qui formait l'image de la vie humaine courbée par le malheur. Quelquefois elle suivait des yeux les hirondelles qui effleuraient la surface de l'eau ; son oreille s'ouvrait aux lointains roucoulements des ramiers, aux chansons perlées des rossignols, aux bruissements des feuilles ; mais ce qu'elle aimait surtout c'étaient les plaintes lamentables des flots et la vue des nuages au fond de la rivière.

VII

MÉTAMORPHOSE DE LA JARRETIÈRE

Margot revint toute soucieuse en regrettant de s'être prise d'un si vif amour pour le garde-moulin. Les grandes dames qui liront ce roman trouveront sans doute Margot bien sotte de se lamenter, et ne comprendront pas son amour pour Jacques. — Les grandes dames ne sont jamais délaissées comme Margot, qui n'avait encore regardé en face que deux hommes : le garde-moulin et le garde-chasse. Jacques avait des yeux bleuâtres qui demandaient un baiser, — il ne s'en doutait pas, — et des lèvres vermeilles capables d'en rendre deux. — Je ne parlerai pas de ses cheveux bruns, ni de sa barbe légère. Margot l'avait souvent rencontré sur sa route et sur le jeu de paume de Martigny, où les jours de fête et les dimanches les danseurs et les danseuses prennent leurs ébats ; Margot ne dansait guère, Jacques ne dansait pas, et tous deux passaient leur temps à se regarder à la dérobée. Jacques savait bien qu'il était amoureux de Margot, Margot faisait des mines à Jacques, sans penser à l'amour. La pauvre enfant ! elle s'arrangeait fort bien toute seule dans sa baraque, et ce ne fut que le jour où elle vendit une de ses poules pour acheter un miroir qu'elle se sentit isolée.

Quand Margot eut traversé la rivière, elle s'arrêta un instant, elle sécha ses larmes, et s'en fut au petit bois de noisetiers reprendre sa chèvre pour retourner au logis; la chèvre, couchée sur l'herbe, contemplait d'un œil victorieux les tiges qu'elle avait coupées.

Margot voulut la détacher.

— Ma jarretière! s'écria-t-elle.

Et, les bras pendants, la bouche ouverte, elle regarda un ruban rose qui flottait au cou de la chèvre.

Elle se demanda quel miracle avait changé en ruban sa jarretière, — dont l'univers saura bientôt la couleur. — Elle pensa qu'une faveur rose embellirait sa jambe, et elle y noua la jarretière romanesque en s'assurant encore que nul ne la verrait.

VIII

PAUVRE JACQUES !

———

A la brune, Margot, assise devant la baraque, contre la haie du jardin, caressait son chat gris perché sur ses épaules, et regardait tristement Jacques qui se promenait sur le bord de la montagne ; le vent était capricieux et le moulin changeait d'allure à chaque instant. Jacques contemplait le vieux tilleul du château, où on l'avait si rudement accablé le matin. — Oh! comme ils m'ont bafoué! criait-il en grinçant les dents.

La vallée se couvrait d'ombre et de mélancolie; un calme religieux se déploya partout avec les premiers reflets de la lune qui montra sa face d'argent dans le noir feuillage des ormes. Les brises mourantes apportèrent à Jacques l'arome des fleurs, et bientôt ses yeux errants s'arrêtèrent sur la plus lointaine lumière de Martigny.

— O ma mère, dit-il avec des larmes dans la voix, pourquoi suis-je si ridicule! ô Margot, pourquoi ne puis-je plus t'aimer!

Un bruit de clochettes remplit les airs, un troupeau fuyant vers son parc passait près du moulin; le plus jeune des chiens sauta joyeusement devant Jacques, qui avait coutume de se rouler avec lui sur l'herbe.

— Le vent tombe, les chouettes crient, les grenouilles coassent, dit le berger qui s'approchait.

Jacques ne répondit pas.

Le berger était un de ces prophètes rustiques qui ont toujours un almanach dans leur poche.

— Le couchant est pâle comme une mariée, tu dormiras cette nuit, mon ami Jacques, continua le berger.

— Oui, je dormirai, je dormirai, je dormirai ! dit Jacques avec amertume.

— Quelle triste mine tu as ce soir ! est-ce que tu as guigné la porte du cimetière ?

Le berger poursuivit son chemin en chantant :

> Rossignol qui chante au bocage,
> A la belle au blanc corsage
> Va-t'en lui dire que ce soir,
> Je meurs d'amour sans espoir.

La voix sonore du berger eut un écho dans le vallon et dans le cœur du garde-moulin, qui écouta avidement cette vieille chanson dont les paroles naïves et la musique languissante étaient en harmonie avec son âme. Il la chanta lui-même avec un grand sentiment de tristesse; au dernier vers sa voix tremblante s'affaiblit; il fut soudainement saisi d'un frisson fiévreux; égaré, éperdu, il s'élança sous le moulin, et, voyant l'aile où mademoiselle d'Ermanes s'était suspendue pour le sauver, il y joignit les mains et se laissa emporter avec ce cri :

— Mon Dieu ! mourir sans elle !

IX

LES LAVANDIÈRES

———

Sur le penchant de la montagne de Martigny, au-dessus des ruines d'un moulin à eau, une fontaine s'échappait violemment d'une roche brisée et tombait avec fracas dans un grand bassin tapissé de mousse : c'était le lavoir de Martigny. Ce soir-là, madame d'Ermanes et sa fille erraient à l'entour, souriant des commérages des lavandières. Madame d'Ermanes, défiante comme toutes les vieilles campagnardes, n'avait garde de laisser son linge à la merci de quelques vassales toujours avides de vengeances ; malgré ses jambes chancelantes, elle avait gravi la côte, et depuis un heure elle ramassait elle-même les collerettes, les dentelles, les robes éparses sur les buissons. Clotilde imitait sa mère, mais avec tant de distraction qu'en recueillant une robe elle accrochait la sienne aux épines. Clotilde était distraite, quelque pensée d'amour voltigeait autour d'elle, une douce langueur baignait ses yeux, sa gorge palpitait sous son corsage : — les chasseurs étaient partis.

Une charrette du château vint s'arrêter devant la fontaine ; on y jeta le linge par brassées et bientôt le cheval reprit sa marche vers Martigny, suivi des lavandières qui chantaient gaiement.

Jacques, précipité sur le versant de la montagne, avait roulé jusqu'au bord du grand chemin de Martigny; le bruit de la charrette l'avertit qu'il vivait encore; il entendit les voix confuses des lavandières et pensa à sa mère. A la vue de Jacques, le cheval s'arrêta tout d'un coup et se mit à hennir. Le charretier, qui riait avec les villageoises en leur racontant ses gaillardises, fit siffler dans l'air son jet d'osier; au lieu d'avancer, le cheval recula; le charretier avait un blasphème sur les lèvres, mais il se souvint que madame d'Ermanes était dévote : il courut en silence à la bride du cheval et il vit avec effroi Jacques dont la tête sanglante pendait dans l'ornière.

— Marianne! cria-t-il.

Marianne, c'était la mère de Jacques. La pauvre femme pressentit un malheur.

— Mon enfant! dit-elle avec angoisse.

— Ah! si j'avais pensé à vous, ma mère! dit Jacques.

— Du sang! s'écria Marianne.

Madame d'Ermanes et Clotilde, qui marchaient

à quelque distance de la charrette, arrivaient alors au milieu des lavandières. L'une d'elles racontait qu'à la nuit tombante elle avait cru voir Jacques enlevé par les ailes du moulin, mais qu'elle n'en avait rien dit à cause de sa mère. A la vue de Jacques se débattant contre la mort, madame d'Ermanes, émue, s'appuya sur sa fille, qui faillit s'évanouir à ce spectacle imprévu.

La pâleur de Jacques, ses longs cheveux retombant en arrière, ses yeux levés au ciel, donnaient un beau caractère à sa figure, funèbrement caressée par la mystérieuse clarté de la lune. Sa mère, aussi pâle que lui, essaya de le soulever dans ses bras; d'une main défaillante, elle lui découvrit la poitrine, et voyant la branche d'églantier de Clotilde :

— Une épine sur son cœur! dit-elle avec surprise.

Elle jeta l'épine à ses pieds; les yeux de Jacques s'étaient fermés; pourtant il se pencha vers la branche et parvint à la ressaisir : — son cœur avait guidé sa main ; — un éclair de joie illumina son front.

Clotilde comprit, au mouvement de ses paupières, qu'il voulait voir une dernière fois ce scapulaire d'amour qu'elle avait reconnu.

Cependant, après quelques mouvements saccadés, Jacques échappa des bras de sa mère, qui murmura : — Je n'ai plus d'enfant !

Clotilde devina tout : l'homme qu'elle avait trouvé ridicule lui parut sublime. — Elle avait ri le matin, — elle pleura le soir.

X

DANS LA BARAQUE DE MARGOT

Une mendiante qui passait par là entendit les sanglots de la mère de Jacques, et se détourna d'un sentier creusé dans les vignes pour savoir qui pleurait ainsi. A son apparition soudaine, les lavandières s'écrièrent avec surprise : — La sorcière ! — Voilà la sorcière !

C'était une mendiante étrangère, une folle qui

se croyait inspirée. Les femmes, les enfants et les superstitieux la croyaient sorcière, sans doute parce qu'elle vivait très-religieusement et surtout dans un étrange mystère. On la voyait souvent au lit des malades : s'ils mouraient, on maudissait ses maléfices; s'ils vivaient, on ne songeait guère à ses veilles pénibles, à ses prières ferventes. Cependant elle ne se lassait pas, et les malades aimaient toujours ses soins et ses lamentables litanies.

La pauvre mère, égarée par sa douleur, courut à elle et lui dit d'une voix sombre :

— Puisque vous êtes sorcière, ranimez mon enfant qui est mort.

La mendiante baissa la tête.

— Je ne suis point une sorcière, je suis une sainte femme pleine de pitié et d'amour de Dieu; grâce à ma dévotion, mes prières sont quelquefois miraculeuses : faites comme moi, priez!

Clotilde, qui s'approchait de la mendiante,

crut entendre une voix du ciel, et tomba involontairement agenouillée sur l'herbe.

— Est-ce que je puis prier? est-ce que je me souviens de mes prières? dit Marianne.

— Calmez-vous, reprit la mendiante ; vos larmes de mère et vos sanglots sont des prières.

La mère de Jacques entraîna la mendiante vers son fils.

— Le voilà! le voilà! murmura-t-elle en repoussant les lavandières.

La mendiante se pencha au-dessus de Jacques et fit un solennel signe de croix en contemplant sa figure pâle et morne.

— Sainte vierge Marie, ayez pitié de sa mère !

Elle passa un petit flacon sur les lèvres de Jacques, et lui saisit la main.

Après un silence lugubre, elle vit les lèvres s'agiter :

— Il n'est pas mort ! s'écria-t-elle.

— Jacques ressuscité ! dit une lavandière.

— Encore un miracle ! dit une autre.

Marianne s'était jetée sur son fils.

— Tu n'es pas mort ! Oh ! mon Dieu, suis-je folle ? Est-ce un rêve ? Jacques ! Jacques ! dis-moi que tu n'es pas mort ?

Clotilde, toujours agenouillée, leva les yeux au ciel avec reconnaissance.

Madame d'Ermanes, surprise et froissée de la voir ainsi, lui dit d'une voix aigre :

— Que faites-vous donc là ?

Clotilde répondit par une larme. O Jacques ! si vous aviez vu cette larme !

On était au mois de mai ; les brumes du soir s'élevaient des marais et se couchaient sur le versant de la montagne ; la rosée miroitait dans l'herbe, un vent humide traversait l'air. La mendiante dit qu'il fallait transporter Jacques à Martigny. Marianne voulut essayer de prendre son fils dans ses bras ; mais, brisée par les violentes émotions de la soirée, elle sentit qu'elle était aussi faible que lui. Une de ses compagnes traînait pour se chauffer le soir une branche de peuplier dont les rameaux, entrelacés par un pâtre oisif, formaient un brancard naturel ; elle demanda aux autres lavandières leurs tabliers et leurs mouchoirs de cou ; tout cela adoucit un peu les aspérités des rameaux, et Jacques y fut déposé comme sur un lit. Trois lavandières prirent les trois bouts de la branche et se mirent en route ; la mendiante et la mère de Jacques marchèrent de chaque côté.

Comme on passait devant la baraque de Margot, Marianne, craignant que la branche ne se cassât avant d'arriver à Martigny, voulut s'arrêter et éveiller la jeune fille. La mendiante s'empressa d'aller frapper à la baraque.

Margot n'était pas couchée ; elle effeuillait tristement des marguerites en leur demandant si Jacques l'aimait. Son chat, assis devant elle sur un escabeau, comme un roi sur son trône, regardait silencieusement la flamme de la lampe, et semblait écouter le cri des chouettes.

Quand la mendiante frappa, il miaula deux fois, et sauta sur l'épaule de Margot qui tremblait et qui crut sentir les griffes du diable. La vieille frappa encore. Margot, toute tremblante, fit quelques pas vers la porte.

— Qui vient là ? dit-elle.

— Ouvre, ma fille, c'est un ami qui va mourir.

Margot ouvrit ; dès qu'elle entrevit le brancard, elle s'écria en chancelant : — Jacques !

Les lavandières déposèrent le garde-moulin sur le lit. Pendant que Marianne étanchait le sang qui baignait les cheveux de son fils, la mendiante jeta la branche dans l'âtre, où se consumaient des racines de vigne, et sortit pour chercher des herbes.

Margot se croyait la proie d'un rêve ; ses yeux erraient partout et ne s'arrêtaient sur rien ; appuyée contre la cheminée, elle passait sa main sur la muraille pour s'assurer que c'était bien sa baraque : — pauvre tourterelle effarouchée dans sa cage !

Au retour de la mendiante, ses yeux baissés ne voyaient plus que les flammes enfumées de la branche ; elle savait que ce n'était point un rêve, car elle avait rougi, car, après la frayeur et l'angoisse, l'amour était revenu, — et elle avait vu Jacques couché dans son lit.

XI

LES LÈVRES DE MARGOT ET LE FRONT DE JACQUES

Le lendemain, quand l'Aurore du vieil Homère plongea son regard indiscret dans la baraque en dispersant sa blonde chevelure à l'horizon, Margot, agenouillée sur la dalle, devant la fenêtre, priait la mère de Dieu d'avoir pitié de Jacques. La mendiante et les lavandières n'étaient plus là; Marianne, assise au pied du lit, dormait depuis une heure d'un sommeil agité. Jacques, qui dormait aussi, semblait plus calme, et Margot allait souvent se pencher au-dessus de lui pour écouter son souffle; il avait tant souffert que la mendiante, désespérée, était ressortie de la baraque en récitant les prières des agonisants. Margot espérait encore, en le voyant si calme dans le sommeil, et quand un rayon d'amour traversait son âme, elle priait la Vierge avec plus de ferveur. Aux premières blancheurs du matin, elle regretta la nuit; car la nuit elle étreignait sa tristesse avec une volupté mystérieuse que le jour devait chasser. Avant l'apparition du soleil, elle éteignit la lampe afin d'être encore dans l'ombre pendant quelques minutes. Elle pouvait répondre à sa pudeur effarouchée qu'il faisait jour, et que si les premières clartés ne pénétraient point encore dans la baraque, il fallait s'en prendre aux jasmin stouffus qui tapissaient la fenêtre. Quand la lampe fut éteinte, elle rougit comme la veille, et regarda autour d'elle s'il n'y avait pas quelque mauvais génie qui pût voir sa rougeur ; elle se moqua de ses craintes en pensant qu'elle n'était coupable d'aucun crime. — Non, Margot, vous n'étiez pas coupable ! — Margot n'était pas coupable, mais elle entrevoyait Jacques, dont le front penchait au bord du lit, et ses lèvres s'agitaient comme pour baiser ce beau front. — Toute pleine d'un ineffable sentiment, elle s'approcha du malade, et s'arrêta tout d'un coup. — Où vais-je ? se demanda-t-elle en frissonnant. Sa pudeur l'avertit qu'elle allait embrasser Jacques : mais l'amour, qui criait plus fort, dit à Margot qu'elle allait écouter le souffle du malade. Quand elle fut devant Jacques, elle s'inclina au-dessus de lui, et, les yeux sur sa mère toujours endormie, elle rafraîchit sa bouche sur le front de son amant. Ce chaste et virginal baiser monta au ciel comme une sainte prière, et les anges qui ont aimé versèrent des larmes de joie.

XII

MADEMOISELLE CLOTILDE DEMANDE A UN ROSAIRE SI ELLE AIME JACQUES

Margot s'éloigna du lit, effrayée du bruit de ses pas, comme un cerf poursuivi par la chasse ; le soleil levant l'éblouit soudain ; et, comme le frisson lui glaçait toujours le corps, elle ouvrit la croisée pour se réchauffer aux premiers rayons.

Dans le ciel pâle, de blanches vapeurs erraient comme des fantômes attardés ou comme des anges perdus ; des bouffées de vent passaient par intervalles et secouaient le feuillage humide de rosée. Margot avait les yeux sur toute la vallée, mais elle ne voyait ni la couleur des champs, ni les brumes du matin, ni les secousses du vent; elle voyait confusément Marianne endormie, et entr'ouvrait encore la bouche, comme si le front de Jacques s'approchait. Enivrée de l'odeur des jasmins et des violettes, enivrée de ses rêves et des mélodies de son amour, elle se détacha de la fenêtre et retourna près du lit. Involontairement elle s'inclina encore au-dessus du malade, et le contempla avec délices. La main de Jacques reposait sur l'oreiller : dans son égarement elle y appuya sa main. — Hélas ! Jacques s'éveilla en murmurant : — Mademoiselle Clotilde !

— Je ne suis pas mademoiselle Clotilde, dit tristement Margot.

Jacques lui prouva par un triste regard qu'il le savait bien.

Jamais regard ne laissa tant d'amertume au cœur de la pauvre fille.

— Ce n'est plus Jacques, pensa-t-elle ; Jacques ne me regardait pas ainsi.

Elle devina que Jacques aimait Clotilde, et s'écria avec douleur :

— L'orgueilleux ! — Si elle l'aimait ! reprit-elle avec un soupir.

Pendant que Margot se lamentait dans la baraque, Clotilde traversait la vallée de Martigny. La veille, un saphir s'était détaché de sa bague, et elle espérait le retrouver près du lavoir.

C'était un charmant spectacle de la voir, plus alerte qu'une jeune biche, courant par les sentiers, gravissant le bord des chemins, et se perdant au milieu des grands seigles. Le vent agitait sur ses joues les boucles de sa chevelure, et courait amoureusement dans les plis de sa robe. Elle était distraite, et suivait le chemin de la montagne sans rien voir autre chose que ses pieds baignés de rosée : elle oubliait son saphir ; des images confuses passaient dans son âme ; tantôt c'étaient les figures fraîches et riantes des jeunes chasseurs, tantôt la tête enfarinée et ensanglantée de Jacques. Elle marchait près de l'ornière où elle avait vu le garde-moulin si beau dans les bras maternels, quand des taches de sang, éparses sur le sol rocailleux, la firent tressaillir ; elle recula de quelques pas en se rappelant la douloureuse scène de la veille, et, comme son regard tremblant glissait sur le chemin, elle découvrit le rosaire de la mendiante à demi caché dans le sable. Elle le secoua du pied et le ramassa.

— Un rosaire, dit-elle d'un air rêveur.

Elle alla s'asseoir près d'une aubépine dont les fleurs papillonnaient au vent. Jacques passait toujours vaguement dans son imagination. Elle se laissa entraîner au cours des molles et vagabondes rêveries, son âme s'épanouit aux rayons d'une amoureuse pensée comme l'églantine rose au soleil; elle oublia la distance du moulin au château, — et je ne sais par quel caprice elle égrena le rosaire en lui demandant si elle aimait le garde-moulin. — Margot, vous n'aviez pas demandé aux marguerites si vous aimiez Jacques !

XIII

UNE MOUCHE, UN CHAT, UN REGARD

———

La mendiante, qui cherchait son rosaire aux alentours, entrevit mademoiselle d'Ermanes à travers l'aubépine.

Elle marcha silencieusement vers elle.

Au son de sa voix claire, elle s'arrêta près du buisson, et leva sa coiffe pour mieux entendre.

Clotilde faisait toujours glisser dans ses doigts les grains du rosaire, et murmurait tout à la fois moqueuse et croyante :

JE L'AIME

UN PEU,

BEAUCOUP,

𝔓𝔞𝔰𝔰𝔦𝔬𝔫𝔫é𝔪𝔢𝔫𝔱,

point du tout.

JE L'AIME...

Elle arrivait aux derniers grains, quand le soleil, caché depuis un instant, s'éleva radieux d'un flot de nuages ; l'ombre de la mendiante glissa sur elle, et le rosaire échappa de sa main.

— Mon rosaire ! s'écria la vieille.

Et, s'inclinant pour le ramasser :

— Sainte Vierge, mère de Dieu, je vous rends grâces.

— Et Jacques ? dit mademoiselle d'Ermanes tout émue, comme si elle eût laissé surprendre son secret.

— Il est mort peut-être... Je vais descendre à la baraque de Margot, où je l'ai vu à l'agonie...

— Je descends avec vous, ma chère vieille ; il faut que je le voie !

La jeune fille suivit la mendiante et s'arrêta bientôt en condamnant l'exaltation qui l'entraînait.

Mademoiselle d'Ermanes avait une âme ardente qui s'enflammait au moindre éclair d'amour ou de haine ; mais sa mère, desséchée par les passions violentes d'une vie orageuse et par le souffle amer de l'égoïsme, avait fané sa candeur, ses illusions, ses rêveries, toutes ces ravissantes fleurs bleues de la jeunesse, qui versent leurs parfums dans nos âmes; sa mère l'avait mise en garde contre les nobles sentiments en lui peignant le monde sous ses faces les plus laides ; sa mère enfin avait essayé de sacrifier le cœur à la tête. Clotilde, trop simple et trop faible pour lutter contre madame d'Ermanes, se laissait entraîner dans les champs les plus arides et ne voyait souvent qu'avec les yeux de cette femme. Son premier élan et sa première pensée partaient du cœur, mais la tête était là qui maîtrisait l'élan et qui éteignait la pensée. — Elle suivait la mendiante avec la curiosité des filles d'Ève, mais soudain les yeux de madame d'Ermanes s'étaient glissés sous ses paupières ; elle avait vu la froide image de la réalité, elle s'était souvenue de la distance qui la séparait de Jacques et elle s'arrêtait presque dédaigneuse. — Cette fois madame d'Ermanes ne devait pas vaincre, car la mendiante ayant dit à Clotilde que Dieu lui saurait gré de ce saint pèlerinage au lit d'un mourant, elle poursuivit sa marche en rougissant de son mouvement orgueilleux.

Après quelques vagues paroles échangées à de grands intervalles, la mendiante et Clotilde se trouvèrent devant la baraque de Margot. La vieille entra la première et se retourna vers mademoiselle d'Ermanes pour lui recommander le silence.

Jacques dormait encore, et, seule devant son lit, un rameau de tilleul à la main, Margot le veillait et faisait une guerre assidue aux mouches qui voulaient troubler son sommeil ; les rideaux de serge étaient tendus, et Clotilde, éblouie par la clarté du dehors, ne vit que très-confusément la tête du malade à travers la gaze mystérieuse du demi-jour. Margot, ombragée par l'apparition surnaturelle de mademoiselle d'Ermanes, regarda les paupières closes de Jacques pour s'assurer s'il ne pouvait voir sa noble rivale. La mendiante s'appuya sur le dosseret d'une chaise, et se mit à dire ses patenôtres. Clotilde s'approcha de la fenêtre entr'ouverte d'où tombaient des étoiles de jasmin ; elle trouva la baraque charmante : c'était la première fois que ses yeux se reposaient sur les meubles pittoresques de Margot, sur les solives noires et vermoulues, sur les dalles blanches et polies. Les murailles mouchetées étaient couvertes çà et là d'images saintes et profanes ; quatre batailles célèbres bariolaient la cheminée ; entre l'étagère et le lit une vierge caressait d'un regard maternel son enfant endormi dans ses bras : — c'était devant cette vierge que Margot priait le soir et le matin. — Sur les rideaux verts on voyait un bouquet de buis bénit qui devait protéger le sommeil et chasser les mauvais rêves ; sur le revers de la porte on voyait un autre bouquet qui devait défendre la baraque du feu du ciel et des approches de Satan : — le curé de Martigny l'avait dit en chaire, et Margot croyait aux sermons.

Un rayon de soleil tremblait dans un seau de bois noir, sur la face immobile d'une eau froide et transparente qui donna le désir de boire à mademoiselle d'Ermanes. Margot vint lui présenter une cassetée d'eau. Clotilde, touchée, voulait embrasser la petite paysanne, mais un sentiment tout nouveau l'arrêta dans son élan ; —

c'était la jalousie. Elle était jalouse parce que le vent qui glissait dans la baraque avait plus de fraîcheur et de parfum qu'au château ; parce que Margot, plus belle dans sa pâleur, était trop amoureusement penchée vers Jacques. — Elle était jalouse, mais la vanité l'aveuglait et l'empêchait de lire en son âme ; elle était jalouse sans penser à la jalousie.

Le chat gris, couché sur le pas de la porte, tendit ses blanches pattes et fit sa toilette ; une guêpe vint le lutiner : il sauta vers elle sans pouvoir l'atteindre. La guêpe, qui tournoyait, disparut sous les rideaux verts ; le chat, avide de se venger, oublia que le lit était un Eldorado où il n'abordait jamais ; il s'élança sur le malade, qui s'éveilla soudain. Son premier regard fut pour Margot. S'il n'y avait pas d'amour dans ce regard il y avait au moins quelque chose de tendre et de reconnaissant qui calma les souffrances de la pauvre fille ; elle essaya de repousser le triste souvenir de l'autre regard ; elle crut encore à l'amour de Jacques : mais sa chimère s'évanouit bien vite quand elle vit rayonner les yeux du malade, quand elle vit une joie du ciel s'épanouir sur sa figure, quand son cœur saisit au passage l'amour d'un regard envoyé à Clotilde.

XIV

MARGOT ARRACHE LE RIDEAU DE SON LIT

Le garde-moulin n'en pouvait croire ses yeux.

— Elle est là ! elle est là ! murmura-t-il dans son égarement.

Margot, qui voulait endormir l'exaltation du malade, lui offrit une tasse de fleur d'oranger ; mais Jacques détourna la bouche.

Margot se vengea de ce refus en tendant le rideau du côté de mademoiselle d'Ermanes.

— Le grand jour fatigue les malades, dit-elle d'une voie émue.

Margot, qui jamais n'avait été si méchante, ne put arrêter un soupir.

— Laisse-moi voir le soleil, dit l'ingrat.

Margot se sentit trop faible pour lui résister, et s'éloigna du lit.

— Le soleil ! le soleil ! pensait-elle avec désespoir ; pourquoi ne suis-je pas son soleil, moi ?

Dans son dépit elle arracha le rideau. Jacques, plus ébloui par mademoiselle d'Ermanes que par l'ardeur du jour, ferma languissamment les yeux et parut s'endormir ; mais il voyait toujours à travers les franges de ses paupières, il voyait toujours Clotilde, dont les regards distraits suivaient les étoiles volantes des jasmins et se reposaient avec nonchalance sur le bord du lit.

La mère de Jacques entra et dit à la mendiante

que le médecin la suivait. Le médecin allait souvent au château ; Clotilde, craignant qu'il n'avertît sa mère de sa visite au malade, dit adieu à Margot et sortit. Involontairement Jacques tendit ses bras vers la porte ; sa mère crut voir un élan d'amour filial et s'inclina vers lui, mais les bras retombèrent.

Vers le soir, Margot, seule auprès de Jacques, lui rappelait le temps de leurs amours ; elle espérait effacer pour un instant l'image de mademoiselle d'Ermanes, qui flottait toujours sous ses yeux.

— Te souviens-tu, Jacques, disait-elle en rougissant, te souviens-tu de ce dimanche où tu m'as offert un bouquet de lilas ? Tu baissais les yeux, — moi aussi : — je te voyais pourtant ; — vous êtes bien changé, Jacques ! oh ! vous êtes bien changé ! — Alors tu m'aimais, aujourd'hui vous êtes un orgueilleux, vous aimez les grandes dames ; mais les grandes dames se moqueront de vous.

— Pas toujours ! s'écria Jacques.

En ce moment, sa mère, qui cueillait des fleurs de mauve dans le jardin, reparut sur le seuil de la porte.

— Pas toujours, reprit-il en s'animant ; un temps viendra où je ne serai plus Jacques. .

XV

LES MÉTAMORPHOSES

———

Quelques jours après, Jacques était de retour à son moulin, et Margot pleurait à belles larmes.

Au souvenir de sa pâleur rosée, de ses yeux bleuâtres et de ses lèvres vermeilles, la pauvre délaissée s'écriait avec désespoir :

— Oh ! je l'aimerai toujours !

Cependant Jacques — qui ne voulait plus être

Jacques — lisait tous les livres, depuis la Bible jusqu'à l'almanach ; son âme s'envolait vers l'infini ou se reposait sur les belles et grandes choses du monde ; elle effleurait les palmes des héros, les couronnes des poëtes, et, dédaigneuse, elle rentrait dans sa prison, triste comme une esclave qui a vu de beaux pays et qu'un maître insensible enchaîne dans un désert. — Quelques jours avant, Jacques était si insouciant de son sort ! — si joyeux d'aimer Margot ! — si fier de son moulin !

L'amour a d'étranges caprices ; il détourne sans cesse le cours de notre vie, il nous égare mille fois sur la grande mer du monde ; il énerve les plus forts, il anime les plus faibles ; il donne aux uns des élans sublimes, il éteint la puissance des autres. L'amour possède toutes les clefs d'or de nos intelligences, qu'il ouvre ou qu'il ferme à sa fantaisie. Il est des parias qui semblent condamnés à mourir sans avoir vécu. Perdus au fond de quelque aride vallée vainement arrosée de leur sueur, ils ignorent la joie du monde : — l'amour, l'âme de la vie : — l'amour ! Ils marchent tristement à la mort sans respirer sur leur route les parfums enivrants de ces fleurs si douces que Dieu a semées sur la terre : la volupté, la poésie. Leurs yeux ne s'élèvent jamais au ciel, leurs corps sont des tombes où dorment éternellement leurs âmes.

— Un regard pourtant, un seul regard d'amour, une ravissante voix de femme, un parfum de jeune fille changera tout : l'âme qui dormait va s'éveiller et sortir radieuse de sa couche ; les yeux vont se détacher de la terre et plonger avec extase aux divines régions. Les parias seront des hommes ; ils verront la vie par toutes ses faces ; qu'elle soit joyeuse ou triste, qu'elle soit amère ou douce, qu'importe, ce sera la vie, puisque la volupté touchera leurs lèvres, puisque la poésie chantera dans leurs âmes.

XVI

MENUS PROPOS DE BÊTES

La vie solitaire de Jacques, ses vagues rêveries inspirées par les formes changeantes des nuages, par les couleurs enflammées du couchant, par les orages dont la voix solennelle et terrible lui parlait de l'infini ; sa passion pour le merveilleux, exaltée par les contes de fées et de revenants, que depuis un siècle on répète avec mystère aux veillées de Martigny ; ses poétiques souvenirs du passé qui est toujours un magicien pour celui qui se retourne, même si celui-là est une bête ; sa religion pour les fleurs sauvages de la montagne, mais surtout son amour presque évangélique, étaient autant de mains puissantes à déchirer l'enveloppe de son âme.

Il fut longtemps en proie à une ivresse vaporeuse. A la pensée de Clotilde, il était saisi d'un frémissement voluptueux qui le faisait chanceler.

Dans ses premiers élans, son âme était comme l'œil entr'ouvert d'un enfant qui vient de naître. La lumière l'éblouissait et la fatiguait bien vite ; mais la lumière est belle, et l'âme avait toujours l'ardent désir de voir. Son vol n'était pas radieux encore, pauvre colombe échappée de son lit natal. Elle errait à l'aventure, tous les horizons l'attiraient à la fois, tous les chemins lui semblaient beaux ; mais voici l'heure où le hasard, sans doute, va lui donner des ailes d'aigle.

Jacques, voyant passer un soir le garde-chasse sous l'escalier du moulin, s'empressa de descendre et d'aller à lui.

— Maître Pierre, n'est-ce pas qu'il est glorieux d'être soldat?

— Jadis! répondit Pierre avec la majesté d'un tragédien qui va se draper de son manteau. — Et d'ailleurs, reprit-il, on voit des soldats qui sont des lâches

Il leva dédaigneusement le pied et frappa le sol. — Mais il y en a qui sont des braves, — et il est glorieux d'être brave!

Le garde-chasse se frappa le cœur.

— Vous ne vous donnez pas de coups de pied, dit Jacques en souriant.

Le garde-chasse, transporté, saisit la main de Jacques.

— Oh! qu'il est beau d'être soldat!

— Oui, mais les soldats ne sont pas beaux, dit le maître d'école de Martigny, qui s'arrêtait à la queue du moulin pour se reposer d'une promenade à travers les champs.

Le garde-chasse jeta un regard de mépris sur les cheveux en saule pleureur et le costume plutôt bouffon que sévère de M. Chrysostome.

— Que dites-vous, capitaine des bambins?

— Je dis que vos oreilles ne sont pas mignonnettes.

— N'insultez pas ceux qui ont protégé votre berceau; ne riez pas de ceux qui ont fait la gloire de leur patrie.

Le maître d'école regarda Pierre.

— Les soldats sont des ânes; — je ne parle pas des gardes-chasse.

— Mille tonnerres! mon bâton de cornouiller a des inquiétudes...

— Oui, les soldats sont des ânes, et je ne m'étonne pas de la longueur prodigieuse de leurs oreilles; — je ne pense pas aux vôtres, Pierre-le-Malin, — mais je vous trouve très-ridicule de vous croire rayonnant parce que vous avez été vous morfondre chez les Russes. La belle gloire, n'est-ce pas, d'avoir laissé une partie de vous-même sur la terre étrangère, et d'être revenu dans vos foyers, battu par les Cosaques.

Le maître d'école remercia Dieu de cette miraculeuse improvisation.

Le garde-chasse leva orgueilleusement la tête.

— Battu par les Cosaques! Ne répétez plus cela, mille tonnerres! Battu par les Cosaques! Dépêchez-vous de vous effacer. — A-t-on jamais vu un soldat comme moi en butte aux insolences d'un magister, d'un troubadour dont on ignore les ancêtres.

— J'en ai tout autant que vous, dit avec dignité M. Chrysostome.

— Et même un peu plus, je crois.

Le garde-chasse se mit à rire de toutes ses forces, et s'avança sur le bord de la montagne pour voir si les vaches n'envahissaient pas les bois de la dernière coupe.

Jacques, silencieusement appuyé contre l'escalier du moulin, regardait la tête bizarre et rubiconde du maître d'école.

— Eh bien! Jacques, tu es triste, mon enfant; qu'y a-t-il donc à l'horizon? le vent est fantasque et rebelle peut-être?

— Que le diable emporte le vent, le moulin, et moi aussi.

— Jacques, est-ce bien toi que j'entends, toi à qui j'ai enseigné l'art de parler et d'écrire?

— Oui, je suis las d'être un pauvre garde-moulin; je veux être soldat, je veux me battre!

—Jacques, qu'as-tu dit! tes mains sont blanches. ne les trempe jamais dans le sang de ton frère.

— Tu penses peut-être éclipser Napoléon? — Où l'orgueil va-t-il se nicher? — Va! mon enfant, la gloire est une fumée, les académiciens eux-mêmes le prouvent à chaque instant.

— Qu'est-ce qu'un académicien?

— Ignorant!

Le maître d'école recueillit ses idées.

— Un académicien, c'est un des quarante immortels.

Jacques remonta l'escalier en essayant de voir clair dans le chaos de ses idées.

Tout à coup il secoua dédaigneusement la farine qui le couvrait.

— Je serai académicien, dit-il avec passion, comme s'il donnait un coup d'éperon à cette cavale indomptable qui s'appelle la Volonté.

Le garde-chasse, qui descendait la montagne, se mit alors à chanter à gorge déployée :

>Ah! que l'amour est agréable!
>Elle est de toutes les saisons...

XVII

MARGOT VOIT EN SONGE LES BAISERS DE DEUX
RAMIERS

―――

Pierre ne s'en doutait pas, mais il suivait un sentier perdu qui descendait à la baraque de Margot.

C'était bien le sentier le plus charmant des alentours : partout de l'ombre, de la verdure, de la fraîcheur, des parfums, des bruits amoureux, des chansons lointaines ; partout des fleurs dans l'herbe, des papillons errants; partout le mystère et la volupté.

Quand le garde-chasse, au travers des grands chênes, entrevit la baraque de Margot, il ressentit un ravissement ineffable, un transport religieux, et s'écria en levant les yeux au ciel : — Mille fariboles! que j'aime Margot!

Margot, baignée par la lumière molle et nuageuse du soleil couchant, cueillait les premiers pois verts de son jardin; agenouillée devant les tiges ou assise sur l'escabeau qui servait de trône à son chat, sa pose avait toujours de la grâce et de la nonchalance; les boucles de ses cheveux ondoyaient sous son chapeau de paille, dont les bords ombrageaient ses joues ; elle s'était coquettement parée de sa croix d'or, qui semblait suivre les palpitations de sa gorge.

Son chat dormait à ses pieds et sa chèvre errait aux alentours.

Un sentiment de tristesse et de rêverie était

répandu sur sa figure, qui pâlissait depuis quelques jours. Clotilde et Jacques se combattaient en elle : la jalousie et l'amour la ravageaient. Elle avançait alors rapidement dans la vie. Elle échappait déjà au calme et à l'insouciance de la jeunesse; ses regards ne plongeaient plus dans le passé, mais dans le vague horizon de l'avenir; ses joyeux souvenirs d'enfance ne venaient plus rafraîchir son âme, elle oubliait de penser à sa mère, et le matin et le soir, en priant devant l'image de la Vierge, elle essayait en vain de se recueillir, de repousser les mille songes profanes qui l'agitaient. Quand elle voyait mademoiselle d'Ermanes dans son imagination, sa pensée s'entourait de robes et de parures, elle allait se mirer, et s'écriait : — Que n'ai-je ses robes et ses parures, puisque je suis belle aussi ; — quand elle voyait Jacques, sa pensée s'égarait dans les détours mystérieux des bosquets ; elle suivait le cours murmurant des ruisseaux, le vol amoureux des tourterelles, le balancement des fleurs; elle se reposait à l'ombre, dans la verdure, sur la mousse étoilée de marguerites.

Déjà la volupté secouait la poussière vierge qui couvrait l'âme de Margot.

Si ce roman n'était le plus chaste du monde, je vous raconterais comment l'âme de Margot perdit la plus blanche corolle de sa virginité.

Ce fut ce soir-là, aux derniers regards du soleil, pendant que le garde-chasse contemplait la baraque au travers des grands chênes du sentier, pendant que Jacques aspirait à la gloire des académiciens.

Les rêveries de Margot avaient pris des couleurs ardentes; à la voix roucoulante d'un ramier qui attendait sa colombe sur une branche touffue, ses mains avaient lâché les tiges des pois, sa tête s'était penchée sur son cœur; dans les bosquets fleuris de son imagination, elle avait vu la colombe s'abattre dans le lit du ramier, elle avait vu leurs embrassements, elle avait pensé à Jacques, et son âme, une autre colombe amoureuse, avait battu des ailes dans le bleu des nues.

XVIII

LA LUNE MET LA TÊTE A LA FENÊTRE DE LA BARAQUE
ET REGARDE DANS LE LIT DE MARGOT

———

A la brune, elle rentra dans sa baraque, et ressortit bientôt, portant d'une main un saladier rempli de chicorée, de l'autre un mince morceau de pain : c'était son souper. Elle s'assit sur le pas de la porte et déposa le saladier sur ses genoux. la chèvre accourut, le chat vint en hypocrite lui caresser les jambes, et le coq (l'amour sans doute l'empêchait de dormir) se mit à becqueter aux alentours.

Margot, toujours rêveuse, plongea sa fourchette dans la chicorée.

Et quand, une demi-heure après, elle voulut lever la fourchette à sa bouche, la salade et le morceau de pain avaient disparu. La chèvre, qui n'aimait pas le vinaigre, éternuait et bondissait au-dessus de la chicorée qu'elle avait dispersée devant la porte, et le chat disputait au coq la dernière miette du pain. Margot, qui n'était pas affamée ce soir-là, s'imagina qu'elle avait soupé. Elle chassa la chèvre à sa cabane, et rentra avec son chat. Quand elle fut devant son lit, elle dénoua sa brassière et sa jupe, elle attacha sa croix d'or aux rideaux, et tomba agenouillée sur la dalle; mais ce fut en vain qu'elle essaya de prier avec calme : l'ivresse fiévreuse de ses rêves la poursuivait toujours.

Avant de se coucher, elle regarda autour d'elle,

et pour la première fois de sa vie, poussée par je ne sais quel instinct, elle alla s'assurer que la porte était bien verrouillée.

La veille elle se fût endormie sans crainte au milieu des champs.

Elle se coucha. — Dormit-elle beaucoup? — Demandez à la lune qui couvrait le jardin d'une grande nappe de lumière, et qui seule regardait par la fenêtre le lit de la délaissée.

XIX

Le matin Margot se jeta toute palpitante hors de son lit; un rayon de soleil tremblant sur les rideaux l'avertit que la matinée s'avançait, et le chat gris, couché près de la porte, lui reprocha sa paresse par un *mia-ou* prolongé.

Sa première pensée l'attira devant son miroir. — C'était un vieux miroir de Venise dont on se moquait à Martigny. Les paysannes préféraient les miroirs modernes, — les cadres rouges à figurines les charmaient surtout ; elles avaient prédit au marchand qu'il ne vendrait jamais cette *vieillerie ;* mais Margot, séduite par sa belle forme et par les incrustations de nacre qui se détachaient du cadre d'ébène, Margot, qui avait une secrète tendance au pittoresque et au beau, s'était dit que la *vieillerie* irait à merveille contre son étagère

Or, ce matin-là, Margot se vit dans son miroir plus pâle que la veille ; elle eut d'abord peur d'être malade, mais elle fut rassurée par la fraîcheur de sa bouche et l'éclat de ses yeux.

Comme elle ouvrait la porte de la baraque, un cavalier qui passait sur le chemin s'arrêta tout à coup à sa vue et se mit à la contempler.

C'était Édouard de Marcy, l'un des chasseurs qui avaient tant ri de Jacques sous le vieux tilleul du château de Martigny. Entraîné ar le courant qui nous jette sur la rive du mariage quand nous n'y pensons pas, il allait demander à madame d'Ermanes la blanche main de sa fille ; il n'aimait de Clotilde que sa beauté, mais il était singulièrement alléché par le domaine luxuriant qu'elle devait recueillir à la mort de sa mère.

Édouard de Marcy était un de ces jeunes fous dont le passage dans la vie n'est marqué que par des extravagances ; un de ces rois de la mode, qui ne font rien, hormis des dettes, et qui laissent à leurs enfants, comme débris de leur patrimoine, des éperons dorés ; c'était un de ces charmants effaroucheurs de femmes, qui n'ont peur que de la mort, et qui font un testament pour léguer les biens qu'ils n'ont plus et donner le reste aux pauvres.

Édouard de Marcy, qui avait déserté Paris aux premières aurores du printemps pour fuir certains usuriers dont il craignait les aménités, s'était réfugié chez un de ses amis, à quelques lieues du château de madame d'Ermanes. Il passait son temps à dormir, à chasser et à courir à cheval; plus tard, pour échapper à la monotonie de cette existence, il s'était glissé sans peine dans toutes les familles nobles du pays. Madame d'Ermanes l'avait rencontré à la noce d'une des compagnes de sa fille, et, séduite par ses galanteries qui lui rappelaient le beau temps de la Restauration, elle l'avait prié d'entrer à son château quand la chasse l'attirerait par là. La chasse attira souvent Édouard de Marcy chez madame d'Ermanes, qui ne s'en plaignit point, — ni Clotilde non plus. — Le chasseur, qui ne pensait guère aux bécasses, lançait au cœur de mademoiselle d'Ermanes toutes les flèches enflammées de l'amour. La mère voyait bien ses œillades idolâtres, mais comme sa fille était à marier, il ne lui arriva jamais de s'en plaindre, — ni Clotilde non plus; — et le chasseur, qui était aussi fat que vous et moi, s'imagina bien vite que Clotilde l'aimait avec délire. — Un matin, il avait vu un sourire rose sur sa bouche, et il s'était dit:

— c'est l'amour; — un soir, une larme bleue dans ses yeux, — et il s'était dit : — c'est l'amour. Il voyait l'amour partout, dans les regards, sur la gorge qui palpite, sur la main qui tombe, dans la démarche nonchalante, dans le corps qui s'incline ; de l'amour partout, car une belle fille qui déploie autour d'elle la fraîcheur de la jeunesse est tout amour, comme une fleur qui s'ouvre est tout parfum. — Mais, comme la fleur qui répand son parfum pour tous, Clotilde déployait autant d'éclat et d'amour pour les coryphées du pays que pour Édouard de Marcy, — et son ami Max, que la chasse attirait aussi chez madame d'Ermanes, pouvait dire à son imitation : — J'ai vu un sourire rose sur sa bouche, une larme bleue dans ses yeux, — c'est l'amour. — Il est si facile de se croire aimé quand on n'aime pas ! Pourtant c'était avec une joie secrète que Clotilde voyait Édouard de Marcy ; ses allures invraisemblables, son esprit d'emprunt, ses œillades, peut-être, éveillaient un sourire charmant qui était de l'amour aux yeux du chasseur. Or le fat, aveuglé par son orgueil, s'était mis en campagne ce matin-là, dans le dessein de demander avec des yeux enflammés la blanche main de Clotilde.

Or, quand Margot ouvrit la porte, il passait devant la baraque. Il s'arrêta donc pour regarder la belle éveillée, qui baissa les yeux en rougissant.

— Que Dieu maudisse tous les philosophes passés et à venir! s'écria-t-il.

Margot, presque effrayée, recula d'un pas.

— Les absurdes! s'ils n'avaient pas détruit le droit du seigneur, voilà une charmante vassale qui serait à moi.

Margot, qui crut le cavalier fou, referma sa porte.

— Farouche! farouche! c'est un bon augure. — Au revoir, la belle, un jour ta fraîcheur passera sur mon chemin et — je me marie d'autant plus dans ce pays-ci.

M. de Marcy éperonna son cheval, qui repartit au galop.

Au détour du chemin il rencontra le garde-chasse qui se disait en hochant la tête :

— Margot sera ma femme.

— Qu'est-ce que Margot? demanda en souriant Édouard de Marcy.

Pierre voulait passer sans répondre, mais il se souvint que le cavalier était un favori du château, et il murmura d'une voix sourde :

— C'est un ange du ciel qui demeure là-bas, dans ce paradis.

— Ma belle effarouchée, pensa M. de Marcy.

— Elle sera votre femme, dit-il à Pierre, je vous plains de tout mon cœur, car avec un ange comme cela vous êtes destiné à ressembler au diable.

Vieil esprit! vieux style.

XX

OÙ L'AUTEUR NE SAIT PLUS CE QU'IL DIT

Un dimanche, le garde-chasse se glissa au milieu des seigles, dans le dessein d'arriver mystérieusement à la baraque pour surprendre Margot.

Mais quand il arriva mystérieusement à la baraque pour surprendre Margot, il vit Margot à travers les églantiers de la montagne, et la chèvre blanche qui se dessinait sur la verdure éclatante.

— Elle est affolée de Jacques, pensa-t-il, mais Jacques n'est qu'un enfant, il faudra bien qu'il déloge de son cœur.

Il s'étendit sur l'herbe, à l'ombre d'un cerisier paré de son fruit à peine rougissant, et suivit Margot d'un œil amoureux. Elle gravissait avec indolence l'escarpement de la montagne et s'arrêtait souvent pour cueillir des violettes qu'elle glissait dans son sein, selon la coutume des paysannes champenoises. — Heureuses paysannes ! bienheureuses violettes !

Margot s'arrêta sous le bouquet d'églantiers et d'aubépines que Jacques aimait tant, et là, à travers les rameaux enlacés, elle glissa ses regards vers les ailes frémissantes du moulin. — Le garde-chasse s'imagina qu'elle cueillait des fleurs. — Les fenêtres du moulin, si pittoresques et si animées quand Jacques y passait la tête, étaient tristes et noires comme des tombeaux. — Le garde-moulin, assis sur l'escalier, rêvait à Clotilde et à l'académie. Insensé! l'académie est le refuge des poëtes qui n'ont plus de poésie, et qui sait si le cœur de Clotilde ne sera pas ton refuge quand l'amour n'y sera plus.

Sois poëte, Jacques, caresse la colombe aux blanches ailes, ouvre ton cœur à tous les ravissements, pare ta tête de la couronne de roses, mais sois poëte dans ton moulin ; ton moulin est plus beau que l'académie, il s'élève avec splendeur au sommet de la montagne, et l'air ne peut manquer aux blanches ailes de la colombe. — L'académie est plongée dans le fond d'une ville aux cent portes, d'un abîme toujours bruyant, d'une mer toujours agitée ; ne dépasse jamais aucune des cent portes, ne regarde jamais dans l'abîme, ne lance jamais ta barque sur la mer agitée. — Sois poëte ici, Jacques, ne sois jamais poëte là-bas ; ici, tu seras poëte pour toi ; là-bas, tu seras poëte pour les autres ; et les roses qui te cachaient les épines de la couronne se détacheront une à une et tomberont dans l'abîme comme les belles années de ta jeunesse, et les épines de ta couronne te déchireront la tête, et ton front saignera comme le front du Christ.

Aime, Jacques, car l'amour c'est la vie; — la vie c'est l'amour. La coupe est là, sous ta bouche avide, plonge tes lèvres dans le vin qui t'enivrera; les fleurs bleues de l'idéal sont là, sous tes pieds, elles enivrent comme le vin, incline-toi religieusement pour respirer leur parfum. — Aime, Jacques! non pas la belle dame du château, car la belle dame du château porte une ceinture dorée qui enchaîne son cœur, — mais la belle fille qui n'a point de château, la belle fille qui n'a point de ceinture dorée pour arrêter les élans de son cœur. — Tu tendras en vain tes bras vers le château, tu n'étreindras que le vide; tends-les vers cette masure où est tombé ton premier regard d'amour, et la belle fille viendra s'appuyer sur ton sein, et son âme sera l'écho de ta douleur et de ta joie, et tu verras longtemps les roses sur sa bouche, le ciel dans ses yeux, et tu seras heureux comme un roi, parce qu'elle sera heureuse comme une reine, et tu auras beaucoup d'enfants, et... l'auteur de ce roman ne sait plus ce qu'il dit.

XXI

MARGOT SE JETTE A LA RIVIÈRE

―――

Margot, agenouillée sous la touffe d'églantiers et d'aubépines, regarda longtemps les ailes du moulin, et le garde-chasse regarda longtemps Margot, et Jacques regarda longtemps la robe flottante de Clotilde à l'une des fenêtres du château.

Margot, impatiente, monta jusqu'au sommet de

la montagne, et se mit à errer autour du moulin.
— Dès que Jacques l'entrevit, il disparut de l'escalier. — Elle s'enfuit pour cacher ses larmes, elle se réfugia dans le sentier où sa chèvre l'attendait, dans le sentier touffu qui faisait les délices de Pierre.

Jacques, qui se lassait quelquefois d'adorer ses chimères, qui aimait à se reposer sur la terre de son vol dans le ciel, qui ne sacrifiait pas le corps à l'âme, vint à penser que Margot avait une belle bouche, des yeux languissants ; — et, malgré son amour pour Clotilde, il se laissa caresser par le désir de fermer sous ses baisers cette bouche si belle et ces yeux si languissants. Il vit disparaître Margot dans la verdure du sentier, sous le feuillage ondoyant, et la volupté murmura à son oreille :

— Cours là-bas, il y a de l'ombre et de la fraîcheur, un lit de mousse et des rideaux de noisetiers. — Le ciel est de la couleur d'amour, les oiseaux ont leur voix d'amour, Margot a des songes d'amour. — Cours là-bas.

Il oublia Clotilde pour un instant, il quitta l'autel où il priait, et courut au sentier, le profane ! — et les larmes qui baignaient les mains de Margot n'éteignirent point son mauvais désir.

— Tu pleures, Margot ! lui dit-il en la regardant d'un œil animé.

Margot soupira.

— Pourquoi pleures-tu ?

Margot regarda Jacques, et de nouvelles larmes tombèrent de ses yeux.

— Laisse-moi toute seule, dit-elle d'une voix étouffée, laisse-moi pleurer.

Jacques s'étendit aux pieds de Margot.

— Tu es si belle quand tu ne pleures pas !

— Je me soucie bien d'être belle.

Je crois que Margot s'en souciait beaucoup, car les dernières paroles de Jacques arrêtèrent ses larmes; elle essuya ses yeux et se dit à elle-même : — *Tu es si belle quand tu ne pleures pas!*

Jacques se rapprocha d'elle et lui saisit la main; la pauvre fille, trompée par ses regards brûlants, espéra encore et ne songea pas à le repousser.

— Quel beau temps, Margot.

Et comme Margot, toute rêveuse, regardait le ciel, Jacques, tout palpitant, lui baisa le cou.

— Et mademoiselle d'Ermanes, dit-elle d'une voix tremblante ?

Jacques pâlit.

— Je t'aime aujourd'hui.

— Aujourd'hui ! s'écria Margot, qui se leva tout à coup; — aujourd'hui !

Jacques la croyait folle.

— Et demain !

Jacques, qui n'était pas un don Juan, qui n'avait nulle idée des ruses de l'amour, répondit avec beaucoup de candeur :

— Demain! je ne sais pas.

Margot cacha ses larmes.

— Tu ne m'aimes plus, Jacques.

La pauvre Margot chancelait.

— C'est vrai, Margot.

— Pourquoi es-tu donc venu ici? pourquoi m'as-tu baisé le cou?

— Je t'ai baisé le cou en oubliant que c'était le tien.

Margot s'enfuit.

— Tu ne me reverras jamais.

Elle courut longtemps sans savoir où aller.

Elle s'arrêta tout à coup devant la petite rivière où elle s'était baigné les pieds, près du bois de noisetiers où elle avait perdu sa jarretière.

Elle voulut se jeter à l'eau: le souvenir de sa mère l'arrêta dans son élan.

Mais le souvenir de sa mère s'effaça bien vite sous l'horrible souvenir de Jacques. — Elle se pencha au-dessus des flots, — elle pensa à la mort, et recula soudain.

Mais elle pensa à la vie, elle se rapprocha du bord et s'élança.

PRIEZ DIEU POUR LE REPOS DE SON AME.

XXII

LA SCIENCE DE JACQUES

Et le jour où Margot se jeta dans la rivière, c'était la fête de Martigny, — la fête de Martigny, où on la voyait toujours joyeuse et pimpante au milieu des galants imberbes. — Hélas! tout le monde oubliait Margot, nul ne demandait où était Margot. L'oubli est surtout le Dieu des villageois, qui ne vivent ni dans le monde de l'âme ni dans le passé. — Une voix compatissante eût dit à ces ingrats : — Margot est morte ! pas un d'eux n'aurait interrompu sa joie pour la plaindre. Pauvre Margot !

Les jolies paysannes de Martigny s'ébattaient avec leurs amants, sur la pelouse éclatante du jeu de paume, aux cris de quatre violons qui grinçaient les dents. Les marchands de colifichets, les baladins et les ivrognes unissaient leurs cris et leurs chansons à cette musique infernale. La fête, souvent belle et calme, était dans le désordre ce jour-là ; par intervalles le vent battait les rameaux des grands ormes et les jupes aux mille nuances des danseuses qui n'avaient garde d'être légères dans la crainte sans doute que le vent ne les emportât ; les galants riaient, car les jupes étaient courtes, et les mères tremblaient en souvenance du temps passé.

Margot n'était donc point à la fête, — ni Clotilde, ni Jacques ; — mais la fête était en Jacques, car il lisait un vieux livre où se déroulait avec magie la belle poésie du règne de Louis XIII, cette grande dame au front superbe, qui a traîné avec une dignité toute chevaleresque sa robe éclatante, et qui a balancé son panache avec tant de grâce et de fierté.

La fête était dans le cœur de Clotilde, car Édouard de Marcy lui murmurait à l'oreille, en traversant le parc : « Je vous aime, Clotilde, je vous aimerai demain, je vous aimerai toujours. » Ces paroles ont un charme puissant, même quand on ne croit pas à la bouche qui les dit.

La fête n'était point dans l'âme de Margot, car Jacques, loin de dire *toujours,* avait dit *jamais.*

Toujours! Jamais! deux mots solennels qui animent ou brisent le cœur. — *Toujours!* mot charmant que l'amour a trouvé dans le sein de Cytherea la blonde, sa mère aux cheveux emperlés. — *Jamais!* mot terrible que l'amour a jeté sur nous dans un moment de colère.

XXIII

JACQUES S'ENIVRE D'AMOUR ET MARGOT PLEURE

Depuis le jour où M. Chrysostôme, l'illustre maître pédant de Martigny, essaya de dévoiler à Jacques la gloire éclatante des académiciens, Jacques ne pensa plus à *rougir ses mains dans le sang de ses frères*, mais il secoua de toutes ses forces l'arbre de la science, et ramassa le fruit amer qui en tombait.

La science n'est pas une divinité rebelle aux cris des ignorants : à la voix de Jacques elle se reposa de son grand pèlerinage à travers le monde, elle répandit autour de lui ses trésors invisibles, elle se pencha pendant son sommeil sur son pauvre lit. — La misère n'effraie jamais la science.

Jacques ne se douta point du passage de la science, et cependant à son réveil tout avait changé : son front brûlait, son cœur battait avec violence, ses yeux s'ouvraient plus avides; il plongeait ses regards dans les splendeurs du ciel; et quand le soleil sortit avec éclat d'un flot de nuages, il tomba à genoux en s'écriant : — Mon Dieu !

Depuis ce jour-là, l'existence de Jacques fut plus belle et plus poétique que jamais. Il avait dérobé à son maître trois volumes dédaignés qu'il étudiait avec un noble enthousiasme. Le premier de ces trois volumes était un recueil bizarre de quelques poésies du xvie siècle : des satires de Régnier, des élégies de Théophile, des odes de Saint-Amand, des sonnets de Ronsard: il se plongea avec ardeur dans ce grand fleuve poétique qui roule majestueusement ses eaux dorées par le soleil. Le second volume était un extrait des pensées de Jean-Jacques : son âme, énervée par les soupirantes élégies et les mignardises des Ronsardisans, se retrempa dans les grandes pensées du sophiste. Le troisième volume était la *Peau de chagrin*, de Balzac, qui l'initia à l'esprit moderne.

Ces trois volumes, rassemblés par le hasard, furent trois éclairs pour Jacques, trois éclairs qui traversèrent sous ses yeux l'abîme du passé, et qui répandirent leurs sillons de lumière sur l'histoire des aspirations de trois siècles.

Quand il avait refermé ses livres, il errait sur les bords de la montagne, il admirait les fleurs sauvages inclinées à ses pieds, il perdait ses re-

gards dans les paysages variés qui déployaien
sous ses yeux leurs lignes et leurs couleurs. — Plus
souvent il ne voyait qu'une fenêtre gothique du
château de Martigny, où mademoiselle d'Ermanes
apparaissait le soir et le matin pour y arroser des
fleurs; il puisait encore la science dans le fond
de cette fenêtre, car sa pensée s'y reposait dans
une auréole d'amour, et que de choses l'amour
ne dévoile-t-il pas !

La nuit, il traversait, tout palpitant, la solitaire
vallée de Martigny, il errait autour du château,
joyeux comme une âme pure qui voit le paradis.

Margot était oubliée; il regardait dédaigneusement la baraque, et disait à son âme de passer vite quand elle passait là ; il voulait que nul souvenir n'altérât la pureté de son culte pour Clotilde. Il l'aimait tant, que le désespoir ne pouvait arriver jusqu'à son cœur. Mademoiselle d'Ermanes avait ri de lui, mais l'amour effaçait tous les jours l'amertume du rire moqueur. Il croyait d'ailleurs à la sympathie ; il pensait qu'il aimait trop pour ne pas être aimé ; que Dieu n'avait pu lui donner tant d'amour pour une femme sans cœur, et que dès qu'il serait un homme, que son âme aurait rejeté l'enveloppe de l'ignorance et son corps ses habits de toile enfarinée, l'amour, qui dormait sans doute au fond du cœur de Clotilde, s'éveillerait pour lui.

Et pendant que Jacques plongeait ses lèvres dans la coupe amère de la science, dans la coupe enivrante de l'amour, Margot pleurait, — non pas au fond de la rivière où elle n'a pu trouver la mort, mais au fond de la baraque où elle meurt d'amour.

Je vous dirai bientôt pourquoi Margot ne mourut pas au fond de la rivière.

XXIV

LE FIL D'OR QUI NE ROMPT QU'A LA MORT

Or, un jour, de joyeux sons de cloches s'élevèrent avec le vent sur la montagne de Martigny, et quand le vent siffla dans les ailes du moulin, Jacques entendit les joyeux sons de cloches.

Il descendit sur le bord de la montagne, en se demandant qui pouvait se marier alors; mais cela ne le tourmentait guère, et il se mit à chanter, avec assez d'insouciance, sur l'air du *Magnificat*.

> Enfin, vous voilà donc, ma belle mariée,
> Enfin, vous voilà donc à votre époux liée
> Avec un long fil d'or
> Qui ne rompt qu'à la mort.

Comme il modulait le vers : *Avec un long fil d'or*, ses yeux errants s'arrêtèrent sur les fleurs de la fenêtre gothique, et sa voix mourut sur ses lèvres, car Clotilde, en robe blanche et voilée, avait passé comme un fantôme; — cette apparition, qui l'eût transporté la veille, le glaça d'effroi : la robe blanche et le voile étaient d'un fatal augure, et quand la voix lui revint, il s'écria, pâle et chancelant : — C'est elle qui se marie !

Dans le malheur, il nous arrive toujours d'étreindre le désespoir avec une joie farouche; nous voulons sentir à la fois ses mille aiguillons; nous aimons les grandes souffrances, car il y a de la poésie dans tout ce qui est grand, et d'ailleurs nous n'étreignons ainsi le désespoir que pour le briser plus vite et espérer encore.

— Je suis fou, pensa-t-il ; ce n'est point elle qui se marie, car nul homme de ce monde ne l'aime comme moi.

Mais l'espérance mourut encore dans l'âme de Jacques : Clotilde reparut à la fenêtre et sembla écouter la voix lointaine des cloches qui l'appelaient.

— Oh! s'écria-t-il dans sa douleur, c'est horrible!

Il se tourna vers le moulin comme vers un ami, et lui confia tout son malheur dans un regard.

Quand il vit à la porte du château défiler les équipages de madame d'Ermanes, il délaissa son moulin, se précipita dans la montagne, et se mit à courir à travers les champs vers l'église de Martigny. A son entrée dans le village, il fut ébloui par la joie qui éclatait partout; le vent balançait des couronnes de fleurs et des guirlandes de verdure aux façades de toutes les maisons ; un sable orange, parsemé de bouquets, couvrait l'unique rue de Martigny ; les commères s'assemblaient devant le portail de l'église, et se promettaient de bien regarder les parures de la mariée, pendant que les jeunes enfants ramassaient des fleurs ou cherchaient des coquillages dans le sable. Jacques se trouva tout d'un coup au milieu des commères, qui reculèrent à sa vue, comme s'il arrivait d'outre-tombe. Elles le raillèrent sur sa pâleur, sur son air effaré, sur ses yeux hagards ; il ne les vit pas ; il descendit rapidement les dalles du portail.

L'église était parée comme le beau jour de la Fête-Dieu ; les anges de l'autel élevaient au-dessus du tabernacle une couronne de roses blanches, et semblaient présenter au ciel la dernière offrande d'une vierge.

Les cierges étoilaient le chœur peint en bleu.

Jacques aurait donné sa place au paradis pour qu'ils s'éteignissent.

Il ignorait alors que les cierges qui brûlent à l'autel de l'hymen s'allument pour les funérailles de l'amour, dont ils sont les derniers feux.

Ce sont les poëtes et les amants qui disent cela.

XXV

ENTRE DEUX FEMMES

———

Jacques souffrait silencieusement dans la froide solitude de l'église, et regardait à travers ses larmes la dalle de marbre où devait s'agenouiller mademoiselle d'Ermanes. Un lutin couleur de deuil lui chantait sans cesse à l'oreille :

> Avec un long fil d'or
> Qui ne rompt qu'à la mort.

Sa solitude fut troublée tout à coup par l'arrivée d'Édouard de Marcy, et les grands cris de joie des paysans vinrent briser son âme en peine. Dieu l'eût alors privé de la vue et de l'ouïe, qu'il fût tombé à genoux, plein de reconnaissance.

— Au moins, si j'étais aveugle et sourd, murmurait-il en se déchirant la poitrine, je ne verrais rien ! je n'entendrais rien !

Il voulut s'enfuir, mais la foule qui se précipitait dans l'église fermait le passage ; et d'ailleurs une main toute-puissante, la main de la fatalité, l'enchaînait là : il fallait qu'il vît et qu'il entendît. Clotilde, appuyée sur sa mère et sur M. de Marcy, passa bientôt dans la nef, au milieu d'un flot de parasites, de dandys de province et de jeunes filles. Une pluie de feu tomba des yeux de Jacques ; il ne vit point Clotilde ; mais, aux battements de son cœur, il devina son passage. Il se réfugia dans la chapelle de la Vierge. A demi masqué par un pilier où il appuyait son cœur brûlant, il jeta un regard de fou sur les mains jointes des épousés. La voix solennelle des cloches, les chants et les prières lui déchiraient le cœur; il croyait assister aux funérailles de Clotilde, et quand il la vit s'agenouiller à l'autel il faillit crier au prêtre qui allait la bénir : — Non ! non ! — Mademoiselle d'Ermanes, moins pâle que la plupart des jeunes filles qui jurent une éternelle fidélité à leurs fiancés; moins pâle peut-être parce que, pour complaire à sa mère, elle aimait à rire de tout, — moins pâle peut-être parce qu'elle ignorait ce que c'est qu'une éternelle fidélité, parce qu'elle ignorait que le fil d'or de l'hyménée se change souvent en fer, parce qu'elle oubliait que la mort seule peut briser ce fil d'or ou de fer, — mademoiselle d'Ermanes laissa tomber un regard distrait sur Jacques à sa descente de l'autel; Jacques, dans le délire, crut ressentir un rayon d'amour; il s'imagina que le regard de Clotilde était le regard d'une victime résignée qui demande qu'on la plaigne ; — et l'espérance qui ne se lasse jamais revint encore habiter son cœur. Clotilde n'était pas une victime ; elle s'enchaînait sans regret à Édouard de Marcy ; son amour n'avait rien de violent, mais Jacques, qu'elle ne pouvait s'empêcher de trouver ridicule, n'était guère capable d'en détourner le cours et de l'attirer à lui ; elle s'enchaînait sans regret comme sans joie ; le mariage lui semblait une simple distraction. Ce qui la frappait dans l'église n'était pas la gravité du prêtre ni le pieux recueillement de quelques saintes femmes que le doute n'a pu atteindre et qui priaient la Vierge de protéger celle dont la robe d'innocence allait tomber ; c'était l'éclat inaccoutumé que l'église déployait ce jour-là.

Clotilde avait accueilli l'offre d'un époux comme une robe nouvelle, sans s'inquiéter si la robe irait à sa taille.

A la fin de la messe, Jacques entrevit Margot

dans la foule, Margot, plus pâle et plus belle que Clotilde.

— Il me reste Margot, pensa-t-il, l'amour passé reviendra peut-être.

Mais, ce jour-là, Margot aussi allait se marier.

XXVI

AU BORD DE L'EAU

———

J'avais oublié de vous raconter ce qu'il advint le jour où Margot prit un élan pour se précipiter dans la rivière.

Pierre, toujours étendu sous un cerisier près de la baraque, vit Margot errer autour du moulin et se perdre sous les ombrages du sentier. Quand Margot, à jamais désenchantée, ne trouva plus que larmes, vous vous souvenez qu'elle s'enfuit comme une folle et qu'elle se jeta dans la rivière pour rafraîchir son front et pour calmer sur le sein de la mort son cœur qui battait avec trop de violence. Le garde-chasse, la voyant courir avec une merveilleuse rapidité sur le versant de la montagne, s'imagina qu'elle fuyait Jacques et ses séductions.

— Au vieux soldat la victoire, dit-il avec orgueil.

Il se mit en campagne et essaya de suivre Margot; mais sa course n'était rien moins que rapide, et il n'arriva sur le bord de l'eau qu'à l'instant où Margot se précipitait par-dessus le pont. Pierre oublia dans son épouvante qu'il savait à peine nager, et se jeta bravement dans la rivière. Il sauva Margot. — Une branche où s'était accrochée la jupe de Margot fut bien pour quelque chose là-dedans.

La pauvre fille, traînée sur le sable, sous le

feu du soleil, ouvrit bientôt des yeux autant noyés par ses larmes que par les flots de la rivière ; à la vue du garde-chasse, agenouillé devant elle comme devant un Dieu, et suivant avec angoisse ses spasmes et ses crispations, elle devina qu'il l'avait arrachée à la mort, et se jeta dans ses bras en poussant un grand cri de reconnaissance. Le pauvre amoureux, qui avait eu de la force jusque-là, échappa, inanimé, des bras défaillants de Margot.

— Il m'aime, lui ! murmura-t-elle en relevant sa tête échevelée.

Elle se laissa consoler par cette pensée, et détourna ses yeux de la rivière pour oublier ses terribles souffrances sous les flots.

La mort est une douce mère quand Dieu nous l'envoie, mais quand nous allons au-devant d'elle, c'est une marâtre qui nous punit toujours de l'avoir détournée de sa course fatale.

— Ah ! vous m'aimez donc, mademoiselle Margot, dit après son évanouissement le garde-chasse, qui s'était singulièrement mépris sur le noble élan de la jeune fille.

Margot, touchée, regarda dans son cœur avec le désir d'y trouver de l'amour pour le seul homme qui l'aimât; dans son cœur elle ne vit que Jacques, toujours Jacques ; elle voulut s'aveugler et croire que l'image qui flottait sous les yeux de son imagination était l'image du garde-chasse, mais elle essaya vainement de s'abuser : c'était toujours l'image ardente de Jacques. Dans son cœur il n'y avait point d'amour pour Pierre, mais il y avait cette douce pitié qui vaut souvent l'amour ; elle le plaignit et laissa tomber une sainte larme de charité.

Le garde-chasse ignorait tout ce qu'il y a de poésie dans les larmes, — perles sacrées plus belles que les perles cachées au sein de l'Océan. — Il vit sans s'émouvoir cette larme de Margot et fut assez stupide pour lui dire : — Ne pleurez pas.

Margot, replongée dans de lugubres rêveries, se leva tout à coup et partit en silence; ses vêtements étaient à demi séchés et le soleil réchauffait son sang glacé. Pierre, que la fièvre venait d'atteindre, accompagna Margot jusqu'à la baraque.

Il voulait entrer. Margot, qui souffrait de ne pas être seule, le pria d'aller avertir la mendiante qu'elle était malade; Pierre insista et jura par Cupidon qu'il ne la laisserait pas seule au fond d'une baraque isolée. — Pour le décider à partir, Margot lui dit qu'elle allait se coucher; le vieux diable n'eût point été fâché de se coucher aussi, — dans la baraque surtout, — et ses yeux s'animèrent singulièrement; mais Margot n'eut qu'à lever vers lui son front chaste et son regard plein de candeur pour vaincre sa résistance. — Il partit et s'en fut à la plus chétive maison de Martigny, où il trouva la mendiante priant Dieu et fermant l'oreille aux musiques lointaines de la fête.

La mendiante s'en alla pieusement veiller Margot.

— Qu'y a-t-il, ma chère fille? lui demanda-t-elle en ouvrant la porte de la baraque.

Margot confia tout à la mendiante.

— Jacques a failli te perdre, ma chère fille, Pierre t'a sauvée; il faut récompenser l'un en te vengeant de l'autre. Le garde-chasse t'aime, c'est un brave homme qui a une pension de l'empereur; ne pense plus à Jacques, il est indigne de ton amour; sois la femme légitime de Pierre, et bien t'en adviendra.

— Oui, me venger! pensa Margot.

— Hélas! dit-elle, il aurait dû me laisser au fond de la rivière; mais il m'a empêchée de mourir et je suis prête à lui sacrifier ma vie.

Puisqu'elle ne pouvait être à Jacques, peu lui importait d'être à Pierre ou à un autre; elle était d'ailleurs anéantie, elle n'avait plus de volonté.

— Elle avait entrevu pendant un instant les joies

de la vie, mais ses yeux s'étaient fermés bien vite! Sa bouche s'était approchée de la coupe des ivresses, mais la coupe s'était brisée sous ses lèvres. Je vous l'ai dit, l'âme était anéantie; peu lui importait de donner son corps à Pierre ou à un autre; que lui importait de souffrir avec Pierre ou avec un autre?

XXVII

LE MARIAGE DE JACQUES

La seule chose certaine aujourd'hui, c'est que Margot, plus pâle et non moins belle que Clotilde, vient s'agenouiller sur la dalle où s'est agenouillée mademoiselle d'Ermanes, et que dans ses prières elle jure à Dieu d'immoler son amour et de sacrifier sa vie à Pierre; la seule chose certaine, c'est que la pauvre victime croit se venger de Jacques en se courbant en esclave dévouée sous les lourdes chaînes d'un autre. — Mon Dieu ! que de femmes ont brisé leur vie à cette vengeance d'un moment !

Quand Jacques vit Margot vêtue de la robe blanche et coiffée de la couronne d'oranger, il comprit tout et s'écria avec une douleur frénétique :

— Il ne me reste pas même Margot, que vous ai-je donc fait, mon Dieu ?

En voyant Margot repasser dans la nef, il sentit se ranimer tout au fond de son âme quelques étincelles de son premier amour. Margot n'était-elle pas autant que Clotilde la femme qu'il rêvait ; n'avait-elle pas un cœur pour l'aimer, des yeux ardents et une bouche brûlante pour le lui dire. Il devint aussi jaloux de Pierre que de M. de Marcy, et il s'enfuit de l'église en regrettant avec amertume les deux femmes qui lui dépeuplaient le monde. A la sortie de l'église, le musicien qui semblait grincer les dents à la dernière fête, fredonnait en s'accompagnant d'un violon singulièrement panaché de rubans : — *Il faut des époux assortis.* — Dans sa fuite, Jacques le renversa involontairement, et Pierre, qui arrivait avec *sa femme* sous le portail, menaça le pauvre garde-moulin.

Jacques s'en alla tristement au moulin rêver à son malheur et se plaindre sans doute dans une élégie.

J'oubliais que Jacques n'était pas un poëte. Mais la douleur fait jaillir des éclairs de l'âme : la tête s'incline sous la souffrance; quand elle se relève, elle domine les têtes de la foule, et c'est avec orgueil qu'on pourrait dire : — J'ai souffert! — Tout ce qui fut grand dans ce monde est arrivé à la gloire, souillé et divinisé par la misère, courbé par la souffrance. Les larmes sont de saintes rosées tombées du ciel pour rafraîchir et fortifier les âmes.

Quand Jacques fut de retour au moulin, brisé par la souffrance, abattu par le désespoir, il découvrit de nouveaux pays dans son âme, et pensa à la poésie, cette blonde fille qui le caressait de son écharpe dans ses rêves, cette autre amante qu'il voyait à travers les nuages et dont il saisissait la voix dans les bruits du vent. Il sentit qu'il l'aimait par-dessus tout, il appela ses consolations, et le jour qui vit l'hymen de Clotilde et de Margot vit l'hymen de Jacques avec la poésie.

XXVIII

LE GARDE-CHASSE MAUDIT SA CULOTTE AMARANTE

Donc voici trois noces, je vous y convie, choisissez, madame. Je ne vous conseille pas d'aller au moulin, l'alliance du poëte avec la poésie a quelque chose de trop aérien et de trop nébuleux : ne déchirez pas le mystère qui les entoure. Je vous conseille encore moins d'aller au château, car la joie y perd sa désinvolture et prend des airs de grande dame; elle y est morose et rêveuse, elle étudie son sourire, elle voile son regard, elle pense à ses paroles. Suivons plutôt Pierre et Margot, qui s'en vont de l'église au cabaret.

Admirez, je vous prie, l'air triomphant du garde-chasse et son costume non moins triomphant, admirez la cocarde blanche qui vient d'éclore sur son habit républicain, dont les basques sympathiques se caressent sans relâche, et dont le collet menace avec acharnement sa queue poudrée et son chapeau ceint d'un large ruban bleu.

Maître Pierre avait coutume de porter un chapeau à cornes, mais le jour de ses noces le chapeau à cornes lui sembla une dérision, et pour échapper aux railleries des convives, il pria son voisin de lui prêter un chapeau ballon du plus grand format; cet emprunt était de bon augure, car le voisin était né coiffé.

Admirez surtout la culotte amarante du garde-chasse qui craint de la déchirer et qui maudit son père de l'avoir fait si grand quand il devait ne lui laisser pour héritage qu'une culotte si courte! Père imprévoyant! que ne pensait-il aux angoisses que cette culotte causerait à son fils le jour de ses noces! Pierre essaye en vain de se déployer dans toute sa majesté pour montrer son triomphe aux passants : la malencontreuse culotte amarante le rapetisse d'un tiers en faisant deux triangles de ses jambes, — et cela est d'autant plus fâcheux, que l'étoffe menace singulièrement d'ouvrir de grands yeux effarés à diverses reprises. Le marié regarde souvent et avec effroi si l'héritage paternel le garantit toujours des injures de l'air.

Admirez aussi les flambantes rosettes de ses souliers, le sentimental ruban de sa montre dont la clef ressemble à une clef d'église, le jabot pyramidal de sa chemise et le col surtout qui a l'air dé guillotiner ses oreilles. Son nez à la Roxelane est bien digne aussi de votre admiration.

Margot est mise avec une simplicité toute patriarcale : une robe blanche, voilà toute sa parure, — chaste vêtement qui devait tomber le soir pour être foulé sous les pieds de l'amour ; — point de fleurs d'oranger sur sa tête, mais sur sa gorge la croix d'or de sa mère et sur son front la couronne de la candeur.

Le musicien marchait en tête de la noce ; comme il devait autant amuser les convives par ses pantalonnades que par sa musique, il s'agenouilla devant la porte du cabaret et leva les yeux sur l'enseigne, en priant le dieu de la ripaille d'avoir pitié de lui.

Les gens de la noce éclatent de rire à la moindre bêtise, car ils sont à la noce pour se réjouir, quoi qu'il advienne : aussi les amis de maître Pierre trépignèrent de joie devant l'invocation du musicien. Mais un orage faillit troubler la joie universelle : le garde-chasse, revenu tout d'un coup à ses amours mythologiques, s'était agenouillé devant Margot, en s'écriant, à l'imitation

du musicien : — O Cupidon ! ayez pitié de moi !
Le maître d'école, qui était de la noce, comme il
est d'usage, et qui arrivait alors tout essoufflé à la
porte du cabaret, renversa Pierre, — qui renversa
le musicien, — et se précipita comme un ogre
affamé vers la salle du repas. — Le pauvre
homme, attardé dans l'église, avait couru de
toutes ses forces, en craignant d'être le dernier à
table, et Pierre et le musicien n'étaient qu'un léger obstacle à son passage ; — mais, dans sa
chute, le musicien avait brisé son violon, et à la
vue des débris, il poussa un grand cri de détresse.
Les joyeux trépignements des convives se changèrent en trépignements de rage, et les malédictions les plus féroces furent lancées contre
M. Chrysostome. Le garde-chasse, qui avait depuis
longtemps une dent contre lui, n'était pas fâché
de le mordre un peu ; il courut à sa poursuite, et
le trouva dans la salle, avidement penché sur
une oie dont il respirait l'odorante fumée.

— Mille tonnerres du diable ! s'écria-t-il en se jetant sur lui.

Le maître d'école crut que le ciel lui tombait sur la tête.

XXIX

MARGOT REGARDE VOLER LES HIRONDELLES

—Quel diable vous êtes! dit M. Chrysostome en repoussant Pierre.

Le marié crut entrevoir une allusion peu délicate, et se jeta une seconde fois sur le maître d'école.

— Insolent! lui cria-t-il à l'oreille.

M. Chrysostome, — épouvanté — et tremblant

d'être mis à la porte avant le repas, implora fort humblement la pitié du garde-chasse.

— Indigne cajoleur! dit Pierre, vous avez brisé le violon du musicien, allez-en chercher un autre, ou allez au diable.

Et comme le pédant demeurait immobile :

— Voici la porte, voici la fenêtre, choisissez!

M. Chrysostome, qui tremblait comme un arbre et qui ne voulait pas aller au diable, sortit par la porte et montra un visage consterné aux convives, qui le poursuivirent impitoyablement de leurs cris.

— Messieurs, dit le garde-chasse en reparaissant à l'horizon, maintenant que ce bélître n'est plus là, il s'agit d'embrasser nos dames et de nous mettre à table; je vais vous donner l'exemple sur ma paroissienne. Voyons, Margot, mon amour, égayez-vous, mille fariboles! voici le plus beau jour de votre vie.

Maître Pierre fit un entrechat, et devint pâle comme un mort : — il avait songé à sa culotte.

Pendant qu'il s'assurait que la température ne pouvait l'atteindre, le musicien, qui n'avait pas de paroissienne à embrasser, se glissa devant Margot et donna l'exemple promis; mais l'exemple fut singulièrement suivi : au lieu de s'en prendre à leurs femmes ou à leurs filles de noce, les convives débordèrent autour de la mariée, et profanèrent indignement ses petites joues si pures et si belles. Margot aurait eu la force de résister, qu'elle ne l'eût point fait; les baisers qu'on ne ressent pas ne laissent jamais d'empreintes, et d'ailleurs toutes ces bouches avides, qui se succédaient si rapidement, devaient l'aguerrir contre celle de maître Pierre.

Le pauvre marié eut la consolation de maudire la culotte amarante.

On entra enfin dans le cabaret, mais il se passa encore plus d'une heure avant qu'on se mît à table, tant il y avait de tumulte et de désordre. Le bruit des voix fut bientôt couvert par un effroyable tintement de verres qui demandaient à boire, et pendant la première période du repas il fallait crier pour se faire entendre. — Ce fut bien pis à la seconde période : — jugez de ce que c'était à la dernière.

C'est là que la joie échevelée régnait en souveraine, sur la table et sous la table, dans les cris et dans les regards, toujours folle ou bruyante, ivre de vin et d'amour. Vive la joie en fille du peuple et non en grande dame, la joie qui rompt son corsage et sa ceinture, qui montre aux passants le bout de sa jarretière, en jetant les fleurs qui parfument sa gorge.

Le musicien, monté sur la fenêtre, au-dessus de la mariée, improvisait une lamentable complainte sur la mort de son violon, quand Chrysostome montra ses cheveux épars à la porte de la salle.

— Voilà le saule pleureur ! s'écria le garde-chasse en battant des mains.

Le maître d'école, qui tremblait encore, s'empressa d'offrir à l'assistance un violon resplendissant qu'il avait trouvé je ne sais où ; pendant que le musicien contemplait ce nouveau trésor d'harmonie, il se glissa silencieusement à sa place, et sa gueule béante engouffra tout ce que sa main put atteindre.

La seule tête inanimée de la noce, c'était la tête de la mariée ; elle voyait tout, elle entendait tout avec une morne indifférence, ou plutôt elle ne voyait et n'entendait rien ; ses yeux se perdaient dans le bleu pâle du ciel, et son âme suivait ardemment le vol des hirondelles lointaines; elle pensait que les hirondelles étaient bien aimées de Dieu, puisqu'elles avaient des ailes pour aller partout, dans la vallée où était la baraque, sur la montagne où était le moulin.

Et tout à coup elle devint pâle en poussant un grand cri.

XXX

LA JARRETIÈRE DONT L'UNIVERS SAURA BIENTOT
LA COULEUR

———

Margot pâlit et cria ainsi, parce qu'à l'instant où son âme s'envolait comme les hirondelles, un plaisant de la noce, glissé sous la table, avait trouvé le chemin de sa jarretière.

La pauvre fille, ignorante des coutumes galantes de son pays, voulait briser sous son pied la tête de l'indiscret voyageur; mais comment briser une tête de paysan avec un pied si mignon ! Le rustre ne ressentit pas le coup, mais une caresse dans les cheveux.

Il n'avait pas relevé son front à la surface, que déjà sa main dominait la foule et balançait la jarretière de la mariée.

— La jarretière ! la jarretière ! s'écria-t-on de toutes parts en la dévorant des yeux.

Le maître d'école, qui dévorait une carcasse de dinde, fut le seul qui ne cria pas.

Le garde-chasse, quelque peu fâché, plongea sa main sur les abîmes de son habit et dit à ses convives avec un sourire égrillard.

— Voilà l'autre !

Margot, qui baissait son front sur le sein de la mendiante, regarda Pierre à travers les franges soyeuses de ses yeux, et vit qu'il agitait la jarretière qu'elle avait perdue dans le bois de noisetiers.

— C'était lui, murmura-t-elle.

La romanesque fille éprouva un triste désenchantement; elle aimait le mystère qui couvrait d'un voile amoureux l'aventure de la jarretière, elle y songeait toujours avec émoi, elle espérait que sa jarretière reposait entre des mains aimées.

— Voilà l'autre! répéta Pierre plus triomphant.

Et tout le monde contempla la mariée, dont la rougeur éclatante semblait confesser un crime de lèse-hyménée.

— Le lâche! dit Margot, dont l'instinct lui dévoilait l'impure pensée des assistants qui glosaient déjà sur la vertu de la mariée; — le lâche! il s'amuse à me flétrir aux yeux de tous ses amis.

Un éclair de haine traversa l'âme de Margot, et dès cet instant elle sentit que la vengeance et le sacrifice étaient au-dessus de ses forces : le sacrifice était méconnu, la vengeance ne frappait que sur elle. — Moi, à lui! pensa-t-elle en frissonnant.

Elle eut peur de l'avenir comme d'un spectre, et se jeta tout effarée dans les bras de la mendiante.

— N'est-ce pas que je rêve? lui dit-elle avec angoisse.

— Tu es folle, mon enfant, tout le monde te regarde, sois donc un peu gaie le jour de tes noces.

Margot n'avait pas même la ressource de répandre les larmes qui l'étouffaient; sa tristesse était une injure pour les convives, il fallait qu'elle couvrît sa douleur d'un masque souriant.

— Non, je ne rêve pas, murmura-t-elle avec ironie, voici le plus beau jour de ma vie!

XXXI

L'HISTOIRE DE LA JARRETIÈRE

Pierre monta sur un des bancs et imposa silence.

— Je vais vous raconter comment je possède la jarretière de Margot, cria-t-il d'une voix sonore.

Toutes les femmes levèrent la tête. — Margot répondit à leurs regards méchants par un regard calme et fier; elle pensait avec joie que Pierre allait réparer sa sottise et prouver qu'il n'avait eu d'elle que sa jarretière.

— J'étais donc aux confins du territoire que je gardais en véritable Cerbère avec des yeux d'Argus, quand mademoiselle Margot, aujourd'hui ma femme légitime, entraîna sa chèvre dans un petit bois de noisetiers, — un vrai bosquet de Cythère; je la suivis en tapinois et je fus bientôt témoin d'une scène ravissante. Mademoiselle Margot, aujourd'hui madame mon épouse, voulut attacher sa chèvre dans le bois et dénoua sa jarretière en s'imaginant que les arbres ne voyaient pas clair, mais je voyais clair, mille fariboles!—Je dois dire pourtant que je n'ai rien vu.

Margot respira.

Il survint une marchande qui étoila de rubans blancs le corsage des jeunes filles et de rubans bleus le cœur de leurs galants. Le musicien appela les danseurs par un coup d'archet, et bientôt la salle du repas fut déserte; — hormis le maître d'école, tout le monde sortit et suivit le musicien au jeu de paume.

Margot! Margot! ce n'est point assez d'avoir dévoré tes larmes, d'avoir souffert en souriant, il faut danser maintenant; le soleil se couche, le vent tombe, le chant des oiseaux s'allanguit, voici l'heure sainte où l'âme se détache du corps pour se perdre dans les brumes de la prairie et dans l'azur du ciel; l'heure si douce à passer dans la solitude et dans le recueillement, ce n'est pas pour vous qu'elle sonne aujourd'hui, Margot. Avant l'indigne profanation de Jacques, assise devant la baraque, les regards sur la montagne, l'âme débordant d'amour, vous goûtiez souvent cette heure avec un ravissement ineffable. Aujourd'hui, il faut danser, il faut vous ployer avec grâce, et bondir comme une gazelle; la douleur vous brise : qu'importe! vous vous traînez péniblement : qu'importe! — il faut danser!

Elle dansa, la pauvre fille!

XXXII

LE GARDE-CHASSE ET MARGOT S'EN VONT AU LIT NUPTIAL

Elle dansa longtemps, elle dansa sous les derniers rayons du soleil, sous les premiers regards de la lune; elle bondissait comme une gazelle, elle se ployait comme une vigne vierge; sourde à la musique, elle prêtait involontairement l'oreille aux bruits du moulin dont elle voyait le bout des ailes au-dessus des toits de Martigny

Les ivrognes s'endormirent sur l'herbe humide du jeu de paume, les danseurs se lassèrent, et, malgré les prières des jeunes filles, qui ne se lassent jamais de pirouetter, on se dit adieu et on fut se coucher.

Sur le chemin de la baraque, Pierre pressait violemment le bras de Margot, qui se voyait avec effroi seule avec lui; elle regretta presque ce monde sans âme qui l'avait tant fait souffrir; elle avait aspiré avec ardeur à l'instant où elle serait seule; mais un abîme la séparait encore de cet instant.

Ils suivirent en silence un chemin bordé d'arbres dont les ombres tremblantes jouaient sur le sol au clair de la lune. Des rumeurs confuses et des voix lointaines se répandaient dans la vallée; à travers tous ces bruits, Margot saisit quelques chants grivois et quelques paroles moqueuses. — Margot! Margot! criait-on, te voilà bien lotie; le vieux n'a qu'un bras. — Peu m'importe! disait

Margot ; mais je ne sais quel méchant écho lu répéta sans cesse : — Le garde-chasse n'a qu'un bras, le garde-chasse n'a qu'un bras. — Je ne sais quel mauvais lutin lui fit ressouvenir des embrassements des ramiers, et réveilla dans son âme la curiosité qui semblait à jamais endormie. Malgré sa candeur, elle devina le sens des paroles moqueuses, car elle pensa que les ramiers avaient deux ailes.

Quand maître Pierre vit la baraque, il eut un frémissement de joie, et s'écria en trébuchant :

— Voilà le paradis.

— Voilà l'enfer, pensa tristement Margot.

Ils arrivèrent devant la porte : le garde-chasse jeta un regard avide sur Margot, sur le jardin, sur la baraque, et comme un avare qui pense à son trésor : — A moi ! moi ! murmura-t-il.

Margot, plus pâle et plus tremblante que jamais, le regardait avec terreur.

Il ouvrit la porte et l'entraîna vers le lit.

— O mon Dieu! ô ma mère! s'écria-t-elle.

Maître Pierre retourna vers la porte et s'empressa de la fermer. — A son retour, Margot n'était plus devant le lit : elle s'était réfugiée contre l'image de la Sainte-Vierge, entre l'étagère et le rideau.

— Vous faites l'enfant, la belle, vous vous cachez; allons donc, mille fariboles! n'ayez pas peur de l'Amour.

Aux pâles reflets de la lune, le garde-chasse essaya de découvrir Margot.

— Voyons, voyons, la belle; plus d'enfantillages; j'ai failli me briser la tête contre la cheminée; où diable êtes-vous donc?

Pierre trébucha à l'escabeau.

— Mille tonnerres! s'écria-t-il d'une voix sonore.

Margot tressaillit et se cacha dans le rideau; le chat, qui s'éveillait, y accrocha ses pattes, et Margot le saisit avidement.

— Je ne suis pas encore seule avec lui, se dit-elle en caressant le chat qui s'appuyait doucement sur son cœur.

Maître Pierre cherchait toujours; mais aveuglé par les dernières vapeurs de l'ivresse, il ouvrait vainement les yeux, il tendait vainement les bras.

— Je suis un sot, murmura-t-il, c'est dans le lit qu'il faut la chercher.

— C'est fini, pensa Margot.

Elle baisa la croix d'or de sa mère et se résigna.

— Vous me faites peur, Pierre; me voilà à vos pieds, mais ne criez plus... depuis sa mort, ma mère vient toutes les nuits... vous allez l'effrayer...

— Voilà bien des contes d'enfant, quand on est mort, c'est pour longtemps.

Pierre repoussa Margot vers le lit.

— Arrière les colifichets, la belle!

Margot pleurait.

Pierre sentit que sa galanterie était trop soldatesque ; il adoucit sa voix, et, se penchant vers Margot :

— Ne nous faisons pas la guerre, embrassons-nous, et vive l'amour, mille fariboles !

Mais il s'était trop penché, car au lieu de se reposer sur le front de Margot, sa bouche rencontra les griffes du chat, qui défendait en jaloux la gorge de sa maîtresse.

— Mille griffes du diable ! s'écria-t-il avec fureur.

Margot, épouvantée, courut ouvrir la porte et s'enfuit à travers champs.

XXXIII

JACQUES ET SON MOULIN

La lune s'était cachée dans un orage qui se formait au midi ; de rapides éclairs sillonnaient une immense nuée qui grondait déjà.

Jacques cherchait à oublier mademoiselle d'Ermanes sur le sein de la consolante poésie, qu'il caressait amoureusement depuis quelques heures. Aux tristes clartés de la lampe, toujours balancée comme le moulin, il dévorait du regard les odes et les élégies de ses vieux poëtes; et, dans son enthousiasme, il chantait son malheur avec cette seconde voix qui descend du ciel dans l'âme du poëte pour qu'il célèbre l'amour sur la terre. Dans la voix de Jacques il y avait quelque chose de sauvage comme la nature qui l'environnait, comme le vent dont il savait toutes les musiques.

Un grand coup de tonnerre fit trembler le moulin, qui s'était arrêté, et qui repartit lentement, comme s'il eût obéi à une voix solennelle. Jacques tressaillit et prêta l'oreille à la première bouffée de vent qui frappait les ailes.

— Un orage au ciel, un orage dans mon cœur, dit-il en regardant l'immense nuée qui s'élevait du midi.

La veille il eût craint le danger; il se fût empressé d'arrêter le moulin et d'arracher les toiles des ailes; aujourd'hui le danger le fascine et l'enivre : il l'appelle avec une joie farouche.

Le vent en furie ébranle le moulin, le vent renverse les ailes, qui prennent un vol rapide et sifflent comme des couleuvres. — Bientôt l'horizon jette du feu comme un volcan ; il semble qu'un immense incendie va dévorer le monde ; les flammes tendent par intervalles leurs grands bras vers le moulin et l'illuminent d'un reflet rouge. C'est un infernal carnage au midi : la pluie se précipite en noirs torrents et combat les flammes échevelées ; le vent hurle et se roule sur la montagne, les arbres gémissent et tremblent à ses mugissements ; il secoue dans sa fureur des tourbillons de feu ; le tonnerre gronde, la foudre éclate avec fracas ; — le moulin résiste encore à cette effroyable tempête, mais ses ailes ploient comme les ailes d'un aigle : une secousse de plus, elles sont brisées.

Jacques voit toutes ces choses avec délire ; il écoute tous ces bruits qui l'exaltent ; — et ces grandes choses et ces grands bruits lui semblent des images et des échos de son âme; — car en son âme un violent orage éclate aussi ; l'amour y secoue ses cheveux enflammés, la jalousie y gronde et mugit, la poésie y répand ses éclairs, la douleur sa pluie de larmes. Une suprême harmonie unit le poëte à la nature : Jacques grandit comme l'orage; il s'abandonne à de sublimes élans ; son cœur bondit à chaque éclat de la foudre ; il sent qu'il n'est point un esclave, mais un homme ; il tend les bras et semble briser ses chaînes ; il anime, il caresse du regard son vieil ami, comme un coursier impétueux qui l'emporte au combat. — Courage! courage! lui crie-t-il d'une voix superbe : la tempête est violente, mais elle passera. Je suis la proie d'une pareille tempête, ne nous laissons point abattre, ô mon vieil ami !

Le moulin, balancé comme un arbre, jette un nuage de poussière; ses ailes sifflent, son corps crie et craque; il s'arrête tout à coup, et le vent, qui vient de briser deux ailes, les emporte dans la vallée comme un trophée de sa conquête. Jacques pâlit, ses bras retombent; il jette un murmure plaintif et demeure anéanti; mais il se ranime soudain et se relève plus grand.

Le moulin avait succombé : le poëte était victorieux.

Dans le ciel les flammes s'éteignirent, la nue se dispersa, le vent s'endormit; — dans l'âme de Jacques l'amour redevint une claire fontaine où se baigna la blonde poésie.

XXXIV

D'UNE LARME QUI VIENT TROP TARD

Jacques s'enfuit du moulin avec ses livres bien-aimés et quelques pièces de cent sous. Avant de descendre la montagne, il se retourna et fit un signe d'adieu à son vieil ami. Le moulin répondit par un dernier battement de cœur. — Jacques essuya quelques larmes ; il fuyait sans retour le berceau de son amour et de sa science. C'était dans ce moulin qu'il avait goûté les premières joies de la poésie ; c'était là qu'il avait écouté la voix trompeuse des espérances, des illusions, des chimères ; c'était là qu'il avait aimé.

Il descendit le versant de la montagne : l'orage avait tout dévasté ; le bouquet d'églantiers et d'aubépines était renversé dans le gravier ; la pluie avait moissonné toutes les fleurs. La vue de ce ravage fit plaisir à Jacques.

— Au moins, pensa-t-il, je pars sans regrets.

Où allait-il ? — à l'aventure, dans le pays des poëtes ; — il ignorait où, mais il allait toujours.

Il passa devant la baraque.

— Pauvre Margot ! elle s'est enchaînée : moi, j'ai brisé mes liens, dit-il avec orgueil.

Margot vit passer Jacques.

Pendant l'orage la pauvre fille était revenue à la baraque chercher un abri dans la cabane de sa chèvre ; après l'orage, elle était sortie pour pleurer au bord du chemin.

— Si Pierre n'était pas là, disait-elle en sanglotant, tout ne serait pas perdu ; je dormirais sans doute à cette heure, ou je penserais à Jacques sans crainte d'être coupable. — Jacques ne m'aime plus ; mais je l'aimerais toujours, et cet amour serait ma joie ; d'ailleurs, j'espérerais encore, car son orgueil passera peut-être. — Je suis une folle ! j'étais libre comme le vent ; maintenant la baraque n'est plus qu'une prison ; je me suis mariée à un geôlier ; il me semble toujours l'entendre crier : « Je suis le maître ! »

Jacques passait alors.

— Jacques ! s'écria-t-elle.

Jacques se retourna avec surprise et s'approcha de Margot, qui lui confia tous ses regrets et toutes ses douleurs dans un regard.

Une larme baigna les yeux de Jacques ; la lune reparut alors pour montrer cette larme à Margot.

— Cette larme vient trop tard, murmura-t-elle.

XXXV

JACQUES ENLÈVE MARGOT

— Pauvre fille! dit Jacques. Voilà donc la première nuit de tes noces!

Margot soupira.

— O mon Dieu! oui, dit-elle; Pierre a failli me battre, mais je lui en sais gré, car je me suis enfuie, et j'aime mieux être là que dans la baraque.

Margot levait sur Jacques un regard ineffable.

— Eh bien! partons ensemble, dit-il en lui pressant la main.

— Partir! où vas-tu?

— Est-ce que je le sais? D'ailleurs, qu'importe pourvu que je sois loin d'un pays où je suis ridicule, et toi loin d'un coquin qui a failli te battre la nuit de tes noces.

— Jamais! jamais! dit tristement Margot.

Et comme Jacques la priait :

— Oh! non, par pitié, point de prières.

La pauvre enfant pressentait qu'elle n'aurait pas la force de résister; elle était romanesque; elle aimait Jacques : — deux raisons puissantes qui la poussaient au mal — ou au bien.

— Que vas-tu devenir ici? reprit Jacques en la pressant sur son cœur.

— Jacques! Jacques! va-t'en bien vite, dit-elle toute frémissante.

Jacques appuya ses lèvres sur son front.

— Oui, oui, dit-elle; au moins je pourrai me souvenir de toi sans te maudire, car il a fallu que je te maudisse bien pour me sacrifier à un autre.

Les femmes en sont toujours au dernier souvenir; un baiser sur leur front efface dans leur cœur l'amertume d'une offense ou d'un oubli. Jacques avait indignement chassé Margot; il l'avait repoussée du pied comme un haillon qu'on dédaigne; il l'avait poursuivie de son horrible cri jusqu'au fond de la rivière, — et désormais — Margot ne devait plus se rappeler que le baiser de paix déposé sur son front.

Après ce baiser, Jacques en prit un autre; mais, après cet autre, Margot essaya de se détacher de ses bras.

— Tu sais que je ne suis pas à toi.

Jacques tressaillit et laissa retomber sa tête.

Margot, qui vit sa douleur, murmura : — Ni à toi ni à un autre.

Jacques releva la tête et prit la main de Margot :

— Puisque tu n'es pas à ce vieux fou, fuyons ! fuyons !

Jacques oubliait Clotilde et son amour; il ne voyait que la beauté de Margot et pensait avec orgueil à se parer de ce joyau.

— Mais que dirait-on à Martigny, où l'on est si méchant? reprit Margot.

— Qu'importe ! tu seras loin des méchants ; ils auront beau crier après toi, tu ne les entendras point.

— Mais ma conscience, je l'entendrai. Va-t'en bien vite, Jacques. Va-t'en.

A cet instant, la porte de la baraque s'ouvrit, et Pierre apparut dans l'ombre comme un fantôme.

Margot, qui résistait, se laissa tomber dans les bras de Jacques.

— Ah ! c'est pour cela que vous vous êtes enfuie, reprit le garde-chasse, — et c'est ce freluquet-là qui vous a abritée pendant l'orage?

Pierre était suffoqué par sa colère.

— Et vous croyez que je ne vais pas vous broyer tous les deux, mille griffes du diable !

— Je tremble, murmura Margot dans sa terreur.

Jacques la souleva dans ses bras et prit la fuite.

Maître Pierre, paralysé par sa fureur, essaya vainement de se mouvoir.

— Et je ne puis les arrêter! s'écria-t-il avec rage.

Il chancelait; le vent rafraîchi dans l'orage courait comme un frisson glacial sur son corps dévoré par la fièvre de l'ivresse; il s'appuya contre la muraille pour ne pas tomber, et suivit d'un regard voilé les amants dans leur fuite.

Bientôt sa paupière s'abaissa; il ne vit plus rien, et se traîna instinctivement à son lit.

Jacques emportait Margot avec une farouche

avidité ; la pauvre fille évanouie reposait sa tête sur l'épaule de son amant; ses longs cheveux, qui s'étaient dénoués, flottaient au gré du vent, et la lune les caressait de son regard si triste.

Margot se réveilla à la vie et voulut échapper à Jacques; mais elle pensa à la fureur de Pierre, — elle pensa surtout aux larmes et aux baisers de Jacques ; — elle ne résista plus, — et craignant d'être trop lourde, elle appuya par intervalles ses jolis pieds sur le sol, — et bientôt, se penchant sur Jacques, elle marcha toute seule.

XXXVI

D'UNE BRUME QUI SÉPARE LES AMANTS

Ils allaient, ils allaient, pâles et silencieux, se regardant avec une amoureuse tristesse, ne pouvant saisir une pensée dans toutes leurs pensées.

Ils s'arrêtèrent devant la petite rivière de la vallée ; ils passèrent le pont et suivirent un chemin à l'aventure. Leurs pieds humides se perdaient dans les grandes herbes qui bordaient ce chemin; les rameaux pendants des saules, les branches touffues des pommiers, effleuraient leurs chevelures. Déjà l'Aurore, toujours belle comme au temps du vieil Homère, secouait des roses à l'horizon; le vent était plus froid et la lune plus pâle; les étoiles d'or s'effaçaient de la rose bleue du ciel, et les rumeurs de la vallée s'éveillaient aux premiers chants des alouettes; des bruits amoureux sortaient vaguement des bois d'alentour. Jacques regarda Margot et lui dit d'écouter ces bruits; mais Margot joignait les mains et levait les yeux au ciel.

— Qu'as-tu donc? lui demanda Jacques ému.

Margot baissa sur lui ses yeux effarés.

— J'ai vu ma mère.

Jacques essaya de sourire, mais le regard, mais la voix de Margot traversèrent son cœur; il tressaillit et frissonna comme devant une apparition nocturne.

— J'ai vu ma mère, dit encore Margot.

Et, cachant sa tête sur le cœur palpitant de Jacques :

— Adieu, reprit-elle, adieu : car hier, à l'heure de mon serment, j'ai pensé à ma mère, et c'est pour m'en faire ressouvenir qu'elle a passé sous mes yeux derrière ces buissons.

Jacques vit dans le lointain, à travers les buissons, une brume fuyante qui se transformait sans cesse, et qui changeait de teintes aux divers reflets de la lumière et de la verdure. Une pensée poétique égara son imagination ; il crut que cette vapeur blanchâtre enveloppait la mère de Margot, et soudainement, saisi d'un religieux effroi, il se détacha de son amoureuse en murmurant :

— Oui, il y a quelque chose entre nous, il y a un serment dans l'église.

Margot regarda encore Jacques, et se tournant vers Martigny :

— Adieu ! dit-elle.

Et comme Jacques, abîmé dans ses pensées,

regardait l'horizon opposé, elle revint à lui.

— Où iras-tu ? lui demanda-t-elle.

— Je ne sais, répondit-il.

Elle leva le doigt vers le moulin.

— Est-ce là ?

Jacques regarda dédaigneusement son vieil ami, dont la morne tristesse semblait lui reprocher son délaissement.

— Oh ! non, non, dit-il, ce n'est pas là.

Le moulin lui rappela l'orage, l'orage lui rappela Clotilde, il n'oublia plus qu'il fuyait Martigny pour y reparaître un jour dans toute sa gloire et avec l'espérance de recueillir un regard d'amour de Clotilde, — un seul regard d'amour, tout ce qu'il voulait avant de mourir. — La poésie, qui était du voyage, s'évanouit tout à coup. Margot, qu'il avait parée dans son imagination, changea singulièrement sous ses regards, qui perdaient leur prisme. Il la vit sans fascination avec sa robe souillée par l'orage, ses cheveux épars qui ne flottaient plus au vent, sa bouche pâlie, ses yeux brûlés par les larmes : adieu le charme qui l'avait saisi devant la baraque. Cette amante, qu'il emportait il n'y a qu'un instant avec délire, n'était plus qu'une femme alors, — une femme qu'il avait aimée, mais d'un amour déjà éteint sous la violence d'un autre, — une femme enfin qu'il n'aimait plus. Il bénit l'apparition qui avait frappé Margot, puisque cette apparition devait le détacher d'elle. La pauvre enfant lui semblait une entrave dans sa route. Pèlerin égaré qui marchait à la gloire, il ignorait que l'amour d'une femme est un appui suprême sur tous les chemins de la vie.

— Adieu ! dit-il à Margot.

Sans doute pour repousser les regrets, Margot se mit à marcher rapidement. Elle s'arrêta bientôt sous les pommiers, brisée par ses souffrances. Involontairement elle regarda Jacques à la dérobée.

— Il ne s'arrête pas, dit-elle; il va toujours, — toujours!

Il franchit l'entrée du bois. — Margot, déchirée d'angoisses, fit un pas vers lui.

— Un dernier regard de lui eût été si doux pour moi!

Elle se leva sur la pointe des pieds et plongea vainement son regard dans le bois. — Il avait disparu sans penser à la revoir.

— Il m'oublie déjà! murmura-t-elle en pleurant.

XXXVII

MARGOT S'EN REVIENT A LA BARAQUE

Le soleil caressait la baraque de son premier rayon quand Margot arriva devant la porte. Elle essuya ses larmes, elle assembla ses cheveux et franchit le seuil. Pierre dormait; sa tête penchée sur sa poitrine semblait encore animée d'un sentiment de colère et de haine. Une fièvre ardente le dévorait; de mauvais rêves l'agitaient sans cesse ; il tendait son bras en signe menaçant. Le voyant ainsi, Margot trembla encore ; mais il y avait tant de désespoir dans son âme, qu'elle ne craignit plus rien. — Elle n'appelait pas la mort ; mais si la mort se fût présentée, elle lui eût ouvert ses bras avec reconnaissance.

— Au dernier printemps, dit-elle, c'était Jacques qui dormait dans ce lit ; je le veillais avec amour et j'espérais. Aujourd'hui, tout est mort en moi.

Son corps n'était que le linceul de son âme, et le mariage son tombeau.

Elle dégrafa sa robe, elle la foula du pied et revêtit sa jupe et son corsage ; sa jupe rayée, qui avait caressé tant de fleurs dans les prairies ; son corsage rouge, qui avait renfermé tant d'amour, — qui avait senti à travers les lis de sa gorge les plus doux battements de son cœur, — mais qui ne devait plus sentir que les secousses du désespoir.

Pierre s'éveilla.

— Ah! la voilà donc, dit-il en regardant Margot.

Il leva la tête.

— Et d'où venez-vous, la belle ?

— Je ne sais pas, vous m'avez fait peur et je me suis enfuie.

— Voyons, mille fariboles! point de rancune. Un de ces matins, j'attraperai Jacques, et nous verrons ! En attendant, signons la paix.

Margot demeurait immobile contre l'étagère.

Pierre la regarda sentimentalement.

— Eh bien! je vous appelle ; — allons, allons, par Cupidon ! un petit baiser, et la guerre sera finie.

Margot s'approcha du lit et s'inclina au-dessus de maître Pierre ; — mais elle se souvint du baiser qu'elle avait pris à pareille heure sur le front de Jacques, et recula tout à coup.

— Allez au diable! dit Pierre, qui s'était en vain démanché le cou pour avoir son baiser.

XXXVIII

SUR LE CHEMIN DE JACQUES

Pauvre Margot! en la voyant naguère à la porte de sa baraque si fraîche et si calme, qui eût pensé qu'elle allait devenir si misérable. Il semblait que la douleur ne pût l'atteindre. Dieu l'avait-il donc faite si belle et si charmante pour qu'elle devînt une proie du malheur. Les roses de ses joues n'avaient-elles donc fleuri que pour se faner au souffle impur de la souffrance? Ses grands yeux ne s'étaient-ils donc ouverts que pour regarder le hideux squelette du désespoir? En voyant un jour la petite rivière toute pleine du reflet des nuages, elle avait vu l'image de sa vie.

Où sont les fleurs roses, les fleurs bleues, les belles fleurs de son âme? La joie qui les caressait de ses rayons s'est voilée sous des orages. Je vous l'ai déjà dit : — Priez Dieu pour le repos de l'âme de Margot.

Margot, effrayée de la voix colère et du regard farouche de Pierre, sortit à la hâte et s'enfuit une seconde fois sur le chemin de Jacques. Cependant elle ne savait où elle allait et n'en fut avertie que par la vue de la petite rivière.

— Où est Jacques? se demanda-t-elle alors.

Elle jeta son regard dans le lointain.

— Il n'est pas encore loin peut-être. — O mon Dieu! faites qu'il m'attende, et donnez-moi la force d'aller à lui.

Elle passa rapidement le vieux pont de bois, et

suivit la route du matin, sous les plus ardents rayons du soleil. Ses regards dévoraient l'horizon ou se perdaient au ciel; dans son égarement, elle demandait aux arbres et aux nuages qui semblaient venir à elle : — Où est Jacques? où est Jacques?

Et elle maudissait les nuages et les arbres qui fuyaient sans lui répondre. Sur le sable humide, elle cherchait l'empreinte des pieds de Jacques, et, quand elle croyait la voir, ses pieds mignons s'y reposaient, un éclair passait dans ses yeux, et elle s'écriait avec délire : — Oh! j'aurai la force d'aller à lui!

XXXIX

MARGOT DEVIENT VEUVE SANS AVOIR RIEN PERDU

Mais à la vue de la chapelle où tant de fois elle avait prié la vierge Marie de la prendre en sa sainte garde, elle pâlit et murmura :

— Oui, il y a un serment entre nous, et nous ne devons pas nous revoir.

Elle entra dans la froide solitude de la chapelle, et s'en fut appuyer son front brûlant sur les pierres humides de l'autel.

Et, comme au temps passé, elle pria la vierge Marie; mais ses yeux, qui regardaient la sainte mère du Christ endormant son fils sur son sein, ne voyaient que l'image ardente de Jacques fuyant dans le lointain. Sa prière pourtant endormit son agitation; et, plus calme et plus forte, elle sortit de la chapelle, et reprit sans murmurer le chemin de Martigny.

Son retour à la baraque fut salué par les cris confus de quelques convives de la noce, armés de verres et de bouteilles.

— Voilà la mariée! s'écrièrent-ils; nous allons chanter un *De profundis* sur son innocence.

M. Chrysostome, qui tendait son verre, entonna funèbrement le *De profundis*.

— Ne chantez pas, dit Pierre avec terreur.

Et comme les convives chantaient de plus belle :

— Mille tonnerres! s'écria-t-il, finirez-vous bien vite?

Le garde-chasse exaspéré saisit son cornouiller.

— Vous êtes de mauvais chiens, reprit-il; c'est ma mort que vous aboyez; — vous ne voyez donc pas que je vais mourir.

Pour calmer sa fièvre, Pierre avait bu quelques rasades de vin clairet, et la fièvre, plus violente, l'épuisait en toute hâte. Ses amis poursuivaient leur chant lugubre, en riant de ses menaces; il bondissait sur son lit comme un damné dans les flammes. Pour l'apaiser, le musicien lui jeta du vin à la face; ses yeux rouges roulèrent dans leur orbite; il tendit son bras avec une rage frénétique, et son cornouiller atteignit la main de M. Chrysostome. Le maître d'école eut la douleur, outre celle qu'il ressentit, de voir tomber à ses pieds une bouteille pleine, échappée à sa main meurtrie; il se fâcha tout rouge; il s'empara de l'escabeau et le lança à la tête du garde-chasse, qui, se voyant ensanglanté, se mit à rugir et à lancer ses coups de bâton à tort et à travers. Tous ceux qu'il atteignait se vengeaient soudainement : le musicien, qui se crut l'épaule brisée, fut le seul qui réfléchit à sa vengeance ; il prit un seau sur le lavoir, il se glissa entre le lit et l'étagère, et pendant que Pierre se défendait contre les attaques des autres convives, il lui versa sur la tête un torrent glacial.

Le pauvre malade, inondé, laissa tomber son cornouiller, et s'écria d'une voix mourante :

— Je suis mort !

Margot, qui s'était jetée au milieu du combat en suppliant les amis de Pierre d'avoir pitié de lui, les repoussa tous avec colère, et s'élança vers le garde-chasse, effrayée de sa pâleur livide.

Le pauvre diable cherchait à se réchauffer au fond de son lit, mais en vain, car l'eau avait coulé partout. Voyant les bras ouverts de Margot, il s'y jeta d'un air farouche, et faillit briser la frêle enfant sur sa poitrine.

Mais ce fut la dernière étreinte.

A la chute du jour, elle devint veuve d'un homme qui avait eu d'elle un serment et une jarretière. — Bienheureux garde-chasse, il mourut à la plus belle heure de sa vie, il s'arrêtait à temps : — un serment et une jarretière ! — O madame, que n'en êtes-vous toujours au serment ! ô monsieur, que n'en êtes-vous toujours à la jarretière !

Si toutefois la jarretière est de la couleur de celle de Margot !

XL

MARGOT S'EN VA A LA RECHERCHE DE JACQUES

Donc, le lendemain de ses noces, on fit le cercueil du garde-chasse, — et, deux jours après, M. Chrysostôme précéda son convoi en chantant plus gaiement que jamais : — *De profunais clamavi ad te, Domine...*

Le maître d'école précéda le convoi, parce qu'il était payé; mais les convives de la noce ne suivirent pas le défunt à son lit de repos. Margot seule, appuyée sur la mendiante, alla jusqu'au cimetière; elle ne pleurait pas, mais elle priait pour l'âme du trépassé avec autant de ferveur que pour elle-même. Quand la fosse fut recouverte, elle vint à penser que Pierre n'était plus de ce monde, et elle se sentit libre comme autrefois. Elle rentra dans sa baraque, le visage triste, mais l'âme déjà joyeuse. Il n'y avait plus de geôlier, partant, plus de liens; la baraque, qui s'était transformée en prison pour quelques heures, redevenait la douce retraite, pleine de calme et de solitude; le charmant nid de tourterelles, perdu dans le feuillage odorant, ignoré du monde entier; le refuge bien-aimé du ciel et de Jacques, — avant que mademoiselle d'Ermanes n'apparût à Jacques.

Margot s'assit à la porte, près de sa vache couchée dans la luzerne, et longtemps elle leva son regard au ciel, — sans doute parce qu'en regardant le ciel elle voyait le moulin aux ailes brisées, qui écoutait alors le passage du vent sans s'émouvoir.

— Maintenant rien ne m'arrête plus ; je puis aller à lui, dit-elle quelques jours après, quand elle eut assez prié pour l'âme de Pierre ; je puis aller à lui.

Et, transportée par l'espérance de revoir bientôt Jacques, elle se mit en route, même sans penser à fermer la porte de sa baraque.

Margot n'était pas riche, mais elle avait pourtant la veille compté jusqu'à trente-six belles pièces de cent sous.

— De quoi aller au bout du monde, pensait-elle.

A la nuit close, elle arrivait dans le bois où elle avait vu disparaître Jacques, et ses yeux, las de toujours dévorer l'horizon, s'arrêtaient sur les coudriers et les touffes de chênes, comme si les touffes de chênes et les coudriers devaient lui dire : — Jacques a passé là, il a suivi ce chemin, il pensait à toi et il pleurait.

Un hennissement lui vint à l'oreille, elle tourna la tête, et reconnut les chevaux de M. de Marcy, traînant un élégant coupé ; à cette rencontre, elle se jeta sous la coudrette comme une jeune biche effarouchée ; mais M. de Marcy, qui était dans la voiture, l'avait entrevue ; et, quand il se crut en face d'elle, il s'élança du coupé.

— Toujours farouche ! dit-il en lui saisissant la main.

Margot poussa un cri.

— Un cri charmant, mignonne ; on dirait que c'est l'amour qui vous l'arrache.

— C'est la peur, dit Margot avec empressement.

— Ne tremblez pas ainsi près de moi, je ne suis pas un voleur de grand chemin. Vous ai-je jamais rien dérobé ? — hormis un baiser, je suis prêt à vous le rendre, mignonne. — Mais que faites-vous donc seule dans ce bois ? — Seule dans un bois ! Si le garde-chasse le savait, il sortirait de la tombe pour empêcher les galants d'aborder. — A propos de galants, le garde-moulin vous a donc délaissée ; il est allé à Paris pour devenir académicien ; — il est bien assez Champenois pour cela.

— A Paris! dit Margot toute rêveuse. — Et c'est bien loin, Paris ?

— C'est au bout du monde.

M. de Marcy souriait.

— Est-ce que vous allez à Paris, d'aventure

Margot rougit et ne songea pas à dire non.

— Suis-je sot, dit M. de Marcy, j'aurais dû le deviner ; — voilà qui est à merveille, car j'y vais aussi.

— Je ne pense guère à Paris, mon Dieu! je viens au bois, scier de l'herbe pour ma vache.

— Oui, dit M. de Marcy avec un air moqueur, — et la preuve, c'est que vous avez perdu votre faucille. — Vous allez à Paris, mignonne, j'ai lu cela dans vos beaux yeux ; vous allez revoir Jacques, qui vous attend sans doute, n'est-ce pas ?

— Eh bien! oui, dit Margot qui ne savait pas mentir longtemps.

Et comme M. de Marcy la pressait de monter dans sa voiture :

— Oui, dit-elle encore. — J'arriverai plus vite à Jacques, pensait-elle, et si cet homme essaie de me séduire, j'aurai mon amour pour défense.

M. de Marcy, menacé de ses créanciers, allait en apaiser quelques-uns avec un fragment de la dot de sa femme. Il quittait Clotilde sans peine, et la rencontre de Margot lui semblait une bonne fortune; il se promettait de se distraire avec la paysanne en l'absence de la grande dame; mais il fut singulièrement désabusé quand Margot répondit par des larmes à ses premières galanteries. Il persista. — Vous savez déjà que Margot résista toujours.

Elle arriva à Paris comme elle était partie de la baraque.

Grâce à M. de Marcy elle fut logée à l'hôtel de madame d'Ermanes, — dans les mansardes.

Le lendemain quand elle s'éveilla, le soleil rayonnait dans sa chambre; elle passa sa jupe, en cherchant dans son souvenir les songes de la nuit : elle trouva Jacques, toujours Jacques.

Une voix criarde chantait dans la mansarde voisine :

> Réveillez-vous, belle endormie,
> Réveillez-vous, car il fait jour;
> Mettez la tête à la fenêtre,
> Vous aurez la maison au cou.

En écoutant les deux premiers vers, elle pensa ingénument que la voix s'adressait à elle, et s'empressa d'ouvrir la croisée. — Hélas! au lieu de ce riche panorama qui se déroulait si majestueusement devant la baraque de Martigny, elle vit des toits, des cheminées, de la fumée.

— Comment découvrir Jacques au milieu de toutes ces maisons, dit-elle avec désespoir.

Sa tête retomba sur sa poitrine, et longtemps sa pensée plongea dans les abîmes de son âme. Au bruit d'une croisée qui s'ouvrait, elle releva son regard et vit une pâle figure qui sortait d'un toit rouillé, comme un mort de son tombeau

Et, regardant une seconde fois :

— C'est un pauvre malade ! — ô mon Dieu ! c'est lui ! — Jacques ! Jacques !

Margot tendit ses bras et s'évanouit.

XLI

**M. DE MARCY FAIT UNE CEINTURE A MARGOT
ET MARGOT ÉGRATIGNE M. DE MARCY**

Des pas légers se firent entendre; — on frappa à la porte. Margot ouvrit sans défiance.

— M. de Marcy ! s'écria-t-elle en fuyant vers la fenêtre.

— Suis-je donc effrayant comme la Barbe-Bleue, dit M. de Marcy en refermant la porte.

Il s'approcha de Margot ; à la vue de sa pâleur, de ses yeux égorgés, il lui échappa un cri de surprise ; il saisit ses petites mains et les pressa avec amour.

— Il est là ! il est là ! lui cria Margot d'une voix coupée, — voyez plutôt, — malade, mourant, ô mon Dieu ! mon Dieu !

— Vous devenez folle ! mignonne.

— Je vous dis qu'il est là ; laissez-moi seule, toute seule avec lui.

M. de Marcy promena son regard dans la mansarde.

— C'est une illusion, mignonne, il n'y a pas de garde-moulin dans cette chambre, mais un homme décidé à tout.

M. de Marcy pencha ses lèvres sur les paupières closes de Margot.

— Ayez pitié de moi, lui dit-elle en essayant de détacher ses mains ; vous voyez bien que je n'ai plus la force de me défendre.

DE MARGOT

Et, ressaisissant ses forces, Margot repoussa M. de Marcy et s'élança à la fenêtre.

— Jacques! Jacques! cria-t-elle.

M. de Marcy, qui s'était avancé, murmura :

— Vous avez d'étranges illusions, mignonne; je ne vois rien que le soleil qui poudroie.

Et, voulant guerroyer encore contre la vertu de Margot, il joignit ses mains sous son corsage et lui fit une ceinture de ses bras.

Elle lui déchira les mains de ses petits ongles roses.

— Quelle lâcheté! dit-elle. Sous les yeux de Jacques qui va mourir!

— Eh! par Dieu! s'écria-t-il, n'est-ce pas à lui cette tête d'outre-tombe qui semble perchée sur les toits pour servir d'épouvantail aux corbeaux.

— Où la poésie va-t-elle se nicher!

Le malade, toujours appuyé à sa lucarne, regardait d'un œil d'envie le reflet du soleil qu'il appelait en vain pour le réchauffer : un pan de muraille en arrêtait les rayons. Margot suivait ses mouvements et ses regards avec angoisse; elle le voyait chanceler et balancer la tête avec désespoir; il semblait enveloppé dans une couverture de laine; ses longs cheveux descendaient en désordre sur ses joues et remuaient aux brises du matin.

Ses yeux caves s'arrêtèrent enfin sur elle.

Après un instant de contemplation, il lui tendit les bras et disparut de la lucarne.

Le soleil, qui baignait toujours Margot, emporta deux perles de ses paupières, et les plongea tout au fond de l'océan.

Elle se tourna vers M. de Marcy.

— Vous l'avez vu ! il m'a tendu de grands bras.

M. de Marcy, qui riait des angoisses de la pauvre enfant, lui tendit aussi de grands bras.

Lassé de la résistance opiniâtre de Margot, il éprouvait une mauvaise joie à torturer la malheureuse enfant.

— Ayez pitié de moi, reprit-elle en se tordant les mains, — laissez-moi sortir, il faut que je coure à lui, il faut que je le revoie.

— Malgré l'aimant qui vous attire, mignonne, vous ne trouverez jamais le chemin de son perchoir. — Il n'est pas étonnant que les poëtes aient un si grand dégoût de la terre : ils parviennent à grimper si haut !

Margot s'était glissée devant la porte, M. de Marcy la retint par son corsage.

Et comme son désir mal endormi se réveilla soudain, il entraîna Margot.

Margot, effrayée du feu étrange que jetaient les yeux de M. de Marcy, appela sa mère à son secours : la morte ne vint pas préserver sa fille ; mais Margot sortit triomphante de cette lutte où elle avait Dieu avec elle.

XLII

LE CŒUR DE MARGOT

La svelte Margot s'échappant des bras de M. de Marcy, prit la fuite sans qu'il parvînt à l'arrêter. Elle descendit à la hâte un grand escalier de l'hôtel, et s'élança dans la rue sans songer à son petit bagage et à ses belles pièces de cent sous.

Margot se heurta à un dandy qui la repoussa

vers une marchande d'oranges, dont la colère s'éveilla tout à coup.

— O ma chère dame, lui dit Margot, qui crut voir une paysanne de Martigny, — où est Jacques, ma chère dame ?

Margot fut repoussée de la marchande avec moins de galanterie encore que de l'incroyable.
— Et comme elle s'arrêtait tout éperdue, un flot de passants la balaya contre la muraille, où elle faillit se briser la tête.

— Où est Jacques ? où suis-je ? criait-elle en jetant des regards effarés.

Conduite par son cœur, elle franchit le seuil d'une vieille maison, et suivit dans son égarement une allée qui conduisait à un escalier où la lumière semblait n'arriver qu'à regret. Au bas de cet escalier elle rencontra une jeune femme qui lui demanda d'une voix stridente où elle allait.

Margot ne put répondre que ce mot : — Jacques.

— Au grenier, dit avec dédain la portière.

— Je l'avais deviné, il est ici! s'écria Margot en se jetant dans les bras de cette femme, qui, la croyant ivre, appela à son secours pour mettre à la porte une rien-qui-vaille.

— Oh! non! dit Margot, ayez pitié d'une folle.

— Vous connaissez ce M. Jacques?

— C'est mon frère.

A tout autre moment, Margot n'eût pas osé répondre ainsi, mais Jacques était malade; et d'ailleurs elle ne croyait pas mentir : un amant malade ne devient-il pas un frère?

— Au sixième au-dessus de l'entresol, reprit la portière, la dernière porte au fond du corridor.

Il y avait quinze chambres dans la maison, Jacques habitait la seizième.

Margot s'élança dans l'escalier.

— Comme elle s'envole! dit la portière, on dirait une danseuse de l'Opéra.

Margot s'arrêta devant la porte de Jacques.

— C'est là, dit-elle dans un soupir.

Sa main errante rencontra la clef, la porte s'ouvrit, et son regard tomba sur un lit désert.

— Mais Jacques! dit Margot défaillante.

Un gémissement lui vint à l'oreille : sous la fenêtre elle vit Jacques à demi-caché dans la couverture.

Elle fit un pas vers lui et se laissa tomber, ne pouvant vaincre son émotion.

Jacques éleva sa main déjà desséchée par la fièvre.

— Margot! murmura-t-il.

Margot se traîna auprès de Jacques.

— Au moins nous pourrons mourir ensemble, dit-elle en lui saisissant la main.

— Mourir! déjà mourir!

Jacques se cacha la tête dans les bras de Margot, comme s'il voyait venir la mort.

— J'ai froid! reprit-il.

Margot, effrayée de sa pâleur livide et de ses yeux éteints, oublia, ou plutôt se ressouvint qu'elle l'aimait. — Elle tendit ses bras sur son corps frissonnant, et se pencha sur lui comme une tourterelle sur sa couvée.

Jacques avait le délire.

— Je me croyais dans un désert, dit-il en relevant sa tête, — j'étais seul, seul et malade ! et pourtant j'entends des voix qui chantent, je vois des milliers de femmes aux fenêtres.

— Hélas ! dit Margot, depuis que tu n'es plus à Martigny, c'est un désert aussi.

— Et tu m'as trouvé ?

Margot regarda Jacques avec amour.

— Oui, je comprends, l'amour t'a conduit par la main.

Jacques laissa retomber sa tête.

— J'ai froid, dit-il encore.

Margot regarda la cheminée : — jamais peut-être on n'y avait allumé un fagot.

— Il faut te recoucher, dit-elle en soulevant Jacques.

— Dans ce lit! murmura-t-il; j'en étais sorti parce que j'y mourais de froid; — le soleil viendra bientôt; je n'ai pas d'autre feu.

Margot pressa violemment Jacques.

— Et mon cœur? lui dit-elle.

XLIII

HONNI SOIT QUI MAL Y PENSE

Et quand Jacques se fut réchauffé sur le cœur palpitant de Margot, il murmura : — J'ai faim.

Margot regarda le ciel comme si Dieu devait apaiser la faim de Jacques.

La manne ne tomba pas dans le désert du poëte.

Et sans Margot, peut-être, il serait mort en répétant : — J'ai froid ! j'ai faim !

Mais Margot était là. — Margot n'avait-elle pas un cœur ardent et une croix d'or ? elle répandit tout le feu de son cœur sur le malade refroidi ; elle vendit sa croix d'or pour apaiser sa faim. Vous savez tout ce qu'elle ressentit de regrets et d'angoisses à l'idée de se séparer à jamais de la croix maternelle, de cette croix bien-aimée qui savait son amour et son désespoir, sa joie et sa douleur. Mais quand elle pensa qu'elle allait sauver Jacques, plus de regrets et plus d'angoisses ! Elle baisa la croix, elle demanda pardon à sa mère, et tout fut fini.

La journée se passa dans le silence et dans les larmes ; la nuit vint plus froide et plus triste encore ; Jacques s'était endormi, Margot le veillait en priant Dieu ; agenouillée devant le lit, les yeux attachés sur son adoré, que le reflet de la lune pâlissait encore, la pauvre fille fut longtemps sans penser au froid ; la bise, qui traversait le grenier, glissait comme un frisson glacial sur ses épaules à peine couvertes. Mais bientôt elle chancela, la prière s'arrêta sur ses lèvres, elle se réveilla à la vie matérielle et pensa qu'elle allait mourir de froid. Jacques dormait toujours, elle entendait sa respiration lente et cadencée, elle voyait son sommeil calme et profond.

— Si je dormais aussi ! dit-elle en penchant la tête sur le cœur du malade.

Jacques fit un mouvement ; elle releva son front et pria encore ; mais la gaze brune du sommeil flotta devant ses yeux, et sa tête retomba sur le bord du lit. La baguette d'or de l'imagination traça sous ses regards un monde de fées, un monde fantastique où elle se voyait tantôt joyeuse avec Jacques, tantôt seule avec sa tristesse. Par intervalles, ses yeux clos par le demi-sommeil s'ouvraient tout à coup ; elle voyait le misérable refuge du malade et les étoiles d'or qui brillaiaient au ciel. Ses yeux se refermaient bien vite pour revoir les mensonges des rêves, les jeux insaisissables du demi-sommeil.

Elle finit par s'endormir.

En s'éveillant, le lendemain, elle se trouva dans le lit, — à côté de Jacques, qui dormait toujours.

Il y avait en elle tant de candeur et de chasteté, que nulle pensée impure ne la troubla : — sa conscience était calme et elle regarda le ciel sans rougir.

Tous deux fussent morts de froid. Qui est-ce qui jettera la première pierre à Margot?

XLIV

JACQUES ABUSE DE LA SIMPLICITÉ DE MARGOT

L'amour chassa de la chambre de Jacques le froid, la faim, la misère et la maladie ; ses joues desséchées refleurirent sous les regards de Margot.

Sur la fin de novembre, le ciel sembla sourire aux amants ; il leur vint des jours moins froids ; le soleil d'automne, si doux quand on pressent l'hiver, répandit longtemps sur eux ses tièdes rayons.

— Nous perdons notre temps ici, dit un jour Margot à Jacques ; — la vallée de Martigny est plus belle que le palais du roi, que nous voyons à travers ces cheminées.

— C'est vrai, pensa Jacques ; mais la vallée de Martigny n'est pas sur le chemin de la gloire.

— Triste chemin ! murmura-t-il en contemplant la nudité de sa chambre.

Il ne voyait déjà plus Margot.

— Je t'en supplie, Jacques, reprit Margot qui devinait les pensées de son amant, laisse-là ton orgueil et retournons à Martigny.

Mais le passé, — Clotilde, — donnait des ailes au poëte ; mais l'avenir, — Clotilde, — la gloire, — soufflaient sous les ailes, — et Jacques ne voyait plus la face sombre du présent.

— Margot, tu ignores le prestige et la fascination de la gloire : on traverserait la mer pour arriver à elle.

— La gloire ne vaut pas l'amour, dit Margot.

— Mais la gloire et l'amour! reprit Jacques, qui pensait à Clotilde.

Il sortit ce jour-là. — Il erra à l'aventure et s'en fut voir un libraire qui rêvait à une encyclopédie moderne. Pour accomplir cette œuvre colossale, il fallait au libraire toutes les intelligences au rabais; il crut lire sur la pâleur et sur le front du garde-moulin que c'était un des Chatterton du siècle, un des mille génies méconnus du romantisme; il remercia le hasard, — le hasard est le dieu des libraires; — il remercia le hasard de la rencontre, et prit Jacques à ses gages : — autant Jacques qu'un autre; Jacques n'était plus un ignorant; il avait étudié son cœur; il avait vu tous les ressorts qui nous font agir, — il pouvait écrire sur les mots : — Amour, Orgueil, Misère. — Nul mieux que Jacques n'était initié aux grands spectacles de la nature; il avait vu toutes les formes et toutes les couleurs des nuages et des moissons; nul astrologue n'avait regardé plus haut, nul naturaliste ne s'était penché plus bas.

Que d'étoiles invisibles il avait vues, que de fleurettes ignorées il avait découvertes! Le ciel, la terre, son âme, étaient trois livres immenses qu'il avait ardemment feuilletés durant ses nuits solitaires, trois abîmes gigantesques d'où il était parfois sorti triomphant, trois mers infinies qui l'avaient bercé sur leurs gorges frémissantes, et qui l'avaient rejeté sur le rivage, plus fort et plus grand.

Au retour de Jacques, Margot, tristement appuyée à la fenêtre, suivait des yeux un nuage empourpré qui fuyait vers la Champagne.

— Ce beau nuage devrait nous emporter, dit Jacques en s'approchant de la fenêtr

— Oh ! oui, s'écria Margot.

Jacques prit une voix caressante.

— D'ailleurs, dans quelques jours nous serons à Martigny.

Margot, folle de joie, se jeta dans les bras du menteur.

— Tu partiras en avant.

— Oh! non, je veux t'attendre; — j'ai eu la force de venir; je suis trop faible pour retourner sans toi.

— Hélas! reprit Jacques, tu sais qu'ils sont méchants là-bas; si nous retournons ensemble, ils vont te poursuivre de leurs satires.

— Avec toi je me moque de tout le monde, — et puis...

Margot rougit et baissa la tête.

— Et puis tu sais que... je suis veuve... tu te souviens...

Jacques traduisit ainsi : — Tu sais que je suis à marier, et tu n'oublies pas tes promesses dans nos embrassements. — Il pensa que le veuvage de Margot était une richesse pour elle seule; il pensa que les serments faits dans le délire de l'amour ne sont pas plus sacrés que les serments d'un fou. Plus que jamais Margot lui semblait un obstacle, une pierre sur son chemin, une chaîne à ses pieds ; il cherchait un moyen de détourner la pierre, de briser la chaîne ; mais le ciel ne lui envoyait nulle idée pour tromper Margot. Pourtant il voulait la tromper ; il lui fallait un mensonge, car la vérité eût fait mourir Margot.

Il reprit sa voix caressante, il alluma son regard et lui dit encore :

— Tu vas partir, ma belle âme ; tu seras là-bas quelques jours avant moi, tu diras mon retour à ma mère, tu m'attendras dans la baraque, — tu ne m'attendras pas longtemps !

— Je veux t'attendre ici.

Jacques attrista sa figure.

— C'est impossible, cher amour. Dieu sait si je regrette de ne pouvoir partir tout de suite ; mais j'ai vendu quelques jours de ma vie, et pendant ces quelques jours je ne suis pas à moi ; — je suis chargé d'un travail très-rude — qui ne peut durer longtemps; — il faut que je sois seul.

Il n'en fallait pas tant pour tromper Margot, qui était simple et qui croyait à toutes les paroles de Jacques, parce qu'elle l'aimait follement.

Elle partit. — Après l'avoir conduite au coche qui devait l'emmener, Jacques, qui éprouvait déjà des remords, rentra fort triste dans son grenier. C'est en vain que ce jour-là il voulut penser au bonheur d'être libre ; — il souffrait violemment ; il regrettait Margot et se sentait délaissé comme en ses premiers jours de misère.

Son regard désenchanté s'arrêta sur le bord de la cheminée.

— O mon Dieu! s'écria-t-il.

Margot avait laissé là quelques pièces d'argent destinées à son voyage.

— Elle a oublié cet argent, dit-il.

Quel déchirement de cœur pour Margot si elle eût entendu ce mot *oublié*. Jacques, qui méconnaissait ce cœur si riche, fut quelques minutes, —

un siècle pour la pensée, — sans comprendre qu'elle n'avait pas *oublié*.

— Pauvre fille, et je veux l'oublier! murmura-t-il d'une voix émue.

Il alla s'appuyer à la fenêtre ; c'était le soir, au soleil couchant ; le vent d'ouest chassait toujours les nuages vers la Champagne, et balayait déjà quelques flocons de neige ; les lucarnes des toits étaient closes, et tout semblait plus morne et plus désert.

C'est en vain que parmi les lucarnes il voulut, comme les autres jours, revoir par l'imagination la fenêtre gothique du château de Martigny, — il ne voyait que Margot.

Il eut peur de la nuit prochaine et du lendemain ; de lugubres pressentiments traversaient son âme en deuil, et je ne sais quelle voix amie lui disait : — Seul! seul! — Margot n'était pas loin ; il était temps encore de partir avec elle ou de rester ensemble.

Il quitta la fenêtre, il s'élança dans l'escalier ; — mais la gloire, mais l'orgueil, mais Clotilde, l'arrêtèrent soudain dans leurs bras puissants, et lui crièrent : — Lâche ! — Il fut ébloui, il demeura, — et pourtant il avait toujours peur du lendemain.

XLV

LE PRINTEMPS, QUI A PLUS D'ESPRIT QUE JACQUES, CUEILLE DES ROSES SUR LE SEIN DE LA NATURE

En allant à Paris, Margot bénissait la rapidité de la jument brune de M. de Marcy, car la jument brune l'emportait vers Jacques ; — en retournant à Martigny, elle maudissait les chevaux qui l'entraînaient ; — quelquefois elle les remerciait de leur lenteur, car plus elle s'éloignait, plus sa peine était amère. Quand le coche arrivait au bas d'une montagne, elle descendait, et, tout en gravissant la côte, elle jetait un long regard en arrière et croyait découvrir Jacques dans le lointain brumeux de la route, parmi les voyageurs éparpillés çà et là comme des arbustes dans un vallon.

Avant de revoir Jacques, elle revit le vieux moulin de Martigny, le vieux moulin toujours triste et délaissé comme un oiseau aux ailes brisées.—Avant de revoir Jacques, elle revit sa baraque, sa pittoresque et charmante baraque, qu'elle avait délaissée pour Jacques. — Jacques avait délaissé son moulin pour Clotilde.

Elle avait quitté sa baraque sans songer à en fermer la porte, comme une imprudente fille qui s'éloigne de son amant sans emporter la clef de son cœur, trop confiante pour craindre qu'un autre n'y passe et n'y dérobe tous les trésors d'amour qui y sont cachés.

Margot, qui n'avait jamais dérobé rien, croyait que les histoires de voleurs étaient des contes fabuleux; elle avait quitté sa baraque sans nulle défiance, laissant à la garde de Dieu ses bêtes bien-aimées. Quand au travers des arbres elle entrevit la porte ouverte et le chat juché sur la fenêtre, comme le jour de son départ, elle s'imagina que rien n'était changé. — Cependant une bouffée s'échappant de la cheminée l'avertit que la baraque n'était pas déserte. Elle trembla et s'arrêta tout à coup. L'image oubliée de Pierre reparut aux yeux de son imagination; sa pensée ne vit que fantômes et miracles; elle se souvint de sa jeunesse souvent distraite par de merveilleuses histoires de revenants. Affaiblie par les fatigues de la route, égarée par la douleur d'être loin de Jacques; elle s'appuya contre le tronc d'un pommier et s'imagina que Pierre était sorti de son cercueil et qu'il se chauffait alors au foyer de la baraque. Le chat, qui avait vu Margot, vint lentement à elle en craignant de tacher ses blanches pattes dans le gravier du chemin. Quand il fut aux pieds de sa maîtresse, il fit une moue gracieuse comme pour se plaindre de son absence, il lui montra ses grands yeux désolés et s'élança sur son épaule tout en secouant ses pattes. Pendant qu'il appelait des caresses par sa sourde et monotone musique, la chèvre, qui cherchait sous la haie du jardin les derniers brins d'herbe que l'hiver n'avait pu atteindre, vint à son tour aux pieds de Margot et se mit à bondir en signe de joie. A la vue de son chat et de sa chèvre, Margot oublia quelque peu ses lugubres pensées; elle reprit sa marche et franchit le seuil de la baraque, sans trop craindre l'apparition du garde-chasse. Le défunt avait trop bien le sentiment de son devoir pour reparaître dans ce monde. Le garde-chasse était fidèle à la mort, — la seule épouse qui n'ait point d'infidèles, — et dans la baraque les flammes de l'âtre chauffaient tout simplement la mendiante, qui gardait les richesses de Margot depuis qu'elle avait disparu du pays.

Les sombres jours de décembre se passèrent, et Jacques ne revint pas.

Et pendant les autres mois de l'hiver, Margot plongea son regard humide sur le grand chemin ; elle ne voyait que des flocons de neige, de grands arbres couverts de givre, des familles d'oiseaux en disette et des nuées de corbeaux.

Au printemps, la vallée de Martigny se fit belle ; elle revêtit sa robe verte et para sa gorge de fleurs. Margot se fit belle aussi, — cela était si facile à Margot ; — mais Jacques ne vint point cueillir les roses. — Le désespoir la ressaisit avec violence et faillit la briser à la première étreinte. Ses songes charmants s'évanouirent, ses chimères fermèrent leurs ailes, la fleur de son âme se dességha comme si l'hiver l'eût frappée ; c'est que l'hiver passait dans son âme.

Cependant le printemps, qui avait plus d'esprit que Jacques, cueillait les fleurs de la vallée de Martigny.

XLVI

MARGOT DÉGRAFE SON CORSAGE ET VOIT SA BLANCHEUR AU FOND DE SON MIROIR

Margot ne vivait plus que dans le passé ; à chaque heure du jour et de la nuit, elle puisait un souvenir au fond de son âme, souvenir joyeux naguère, mais attristé par ses souffrances et par les noirs nuages de l'avenir : tantôt elle voyait sa mère qui berçait son enfance et qui chantait pour l'endormir ; tantôt elle aimait à se rappeler la forme bizarrre du lit gothique où le matin le soleil lui jetait un regard céleste, où le soir sa mère penchait sur elle un regard d'amour.

Elle aimait surtout le souvenir de ces dimanches couleur de rose, où elle rencontrait Jacques sur le jeu de paume de Martigny.

Elle avait quinze ans à peine ; elle s'élançait dans la vie comme un oiseau dans le ciel.

Un jour elle se demanda depuis quel temps elle avait perdu sa joie ; elle se rappela les méchantes paroles de Jacques dans le sentier, le jour où elle se jeta dans la rivière. Au milieu de ses souvenirs, M. de Marcy apparut tout à coup. Le matin de ce jour-là, il était passé devant la baraque pendant qu'elle ouvrait la porte ; elle avait tremblé à sa vue comme devant un oiseau de mauvais augure ; et, en effet, depuis son passage, la vie de Margot s'était troublée comme une source pure au passage du torrent. Jacques avait causé tout le mal ; Margot aima mieux n'accuser que M. de Marcy.

Quand revint la jolie fête de Martigny, Margot, morte à l'espérance, essaya de repousser le mal qui la ravageait depuis un an. Elle pensa à revoir ses amies, à oublier Jacques et à rappeler son insouciante vie d'autrefois.

Pour essayer de renaître ainsi à une autre existence, elle songea d'abord à revêtir sa robe blanche et à s'en aller à la fête. Elle s'approcha de son étagère, elle dégrafa son corsage, elle vit sa gorge de marbre rosé se détacher dans le fond obscur de son vieux miroir.

Elle se complut à ce tableau qui la fit rêver longtemps, puis elle s'écria en laissant tomber sa tête :

— Pour qui donc Dieu m'a-t-il faite si belle ?

XLVII

MARGOT VOIT EN SONGE LE RETOUR DE JACQUES

Le soir, Margot allait souvent sur la montagne pour avoir plus d'horizon; mais vainement elle plongeait son regard dans le lointain, et toujours à son âme en peine elle répondait : — Je ne vois rien venir.

Donc, le jour de la fête de Martigny, Margot mit sa robe blanche, son joli chapeau de paille et sortit de la baraque pour aller à « la danse »; mais, au lieu de prendre le chemin de Martigny, elle se perdit sous le sentier touffu qui grimpait de ronce en ronce jusqu'au moulin de Jacques. Toute à ses souvenirs, elle gravit le versant de la montagne avec tant de rapidité, qu'elle déchira, sans y penser, ses pieds mignons aux épines guerroyantes du sentier. Quand elle fut au sommet, haletante comme une femme après la valse, elle se tourna vers Paris, et pendant plus d'une heure son regard enflammé dévora l'horizon.

Le soleil se coucha, la nuit survint, et la pauvre enfant descendit à sa baraque en murmurant encore : — Je ne vois rien venir.

Elle traversait le grand chemin et chassait devant elle sa chèvre qui avait été à sa rencontre, quand vint à passer une chaise de poste; elle entrevit madame d'Ermanes, qui partait pour Paris, d'où il lui était venu de fâcheuses nouvelles de sa fille. Margot faillit s'élancer au devant des chevaux. Mais pendant qu'elle demandait conseil à Dieu et à sa mère, la chaise de poste disparut dans la nuit.

Après l'été, après l'automne, un autre hiver revint, et Jacques ne revint point.

La douleur poursuivait ses ravages sur Margot, qui languissait dans l'ennui et qui marchait à grands pas vers la mort.

Elle pressentait sa fin prochaine, et dans ses prières elle demandait au ciel la grâce d'abréger sa course sur la terre. Sans Jacques la pauvre enfant se lassait de traîner sa vie; sa douleur lui semblait plus lourde qu'une chaîne de fer dont on ne voit pas le bout : sa douleur était sans fin.

Une nuit, elle vit en songe le retour de Jacques; à son réveil, elle courut chez la mère du poëte. En entrant elle entendit la voix lamentable de la mendiante qui récitait les litanies; elle pâlit, son cœur s'oppressa, sa respiration s'éteignit.

La mendiante s'élança vers elle et l'empêcha de tomber sur les dalles.

— La mère de Jacques est morte, lui dit-elle. Je prie Dieu qu'il m'envoie une pareille mort; c'est la joie qui l'a tuée : le messager lui a remis hier une lettre de son fils qui est maintenant grand seigneur et qui revient dans quelques jours. Hélas! il ne la verra plus.

— Il revient! dit Margot; Jacques va revenir! O mon Dieu! je vais mourir aussi.

— Dieu veuille qu'il ne revienne pas, puisque sa mère est morte.

— Mais je ne suis pas morte, moi! s'écria Margot tout éperdue.

XLVIII

MARGOT. — JACQUES. — CLOTILDE

———

L'espérance revint au cœur de Margot, et Jacques ne revint pas.

Elle attendait le jour, elle attendait la nuit; le matin et le soir elle gravissait la montagne, mais toujours en vain.

— Hélas! se disait-elle souvent, quand il reviendra je serai morte aussi.

Le jardin de la baraque languissait comme

Margot ; étouffé par de grandes touffes d'herbes, il n'avait plus une fleur à offrir à la pauvre enfant. La chèvre ne bondissait plus, et, soit par hypocrisie ou par compassion, le chat attristait ses regards.

En se voyant un matin dans la glace, Margot, effrayée de sa pâleur, sentit plus que jamais qu'elle mourrait bientôt.

— Et sans le revoir ! dit-elle en sanglotant.

Elle demanda un sursis à la mort, et se remit en route pour Paris, — à pied, la malheureuse enfant ! — Et malade ! — Et n'ayant que de mauvais souliers pour ses pieds de grande dame ! Qu'importent la longueur et les souffrances de la course, puisque Jacques est au bout !

Elle partit donc toute chancelante et ressentant quelque joie à dépenser ses dernières forces pour Jacques. Quand ses pieds s'arrêtaient, elle regardait la lettre de Jacques à sa mère, et ses pieds allaient encore. Ceux qui la voyaient passer si pâle et si frêle se disaient tristement :—Où va-t-elle ainsi ? elle n'a qu'un souffle, elle mourra sur la route.

Margot arriva pourtant, brisée par la fatigue et dévorée par la faim ; — elle oubliait de manger depuis deux jours ; — elle arriva sans argent, car elle **avait** fait aumône du peu qu'elle avait aux pauvres de la route. Sans argent à Paris ! Margot, n'aurez-vous donc d'autre ressource que de tendre aux passants votre belle main, comme faisaient les mendiants de la route ? Paris renferme des trésors, mais dans votre belle main nulle main charitable ne versera son aumône. Ne tendez pas votre main, Margot ; — en la voyant on ne songerait qu'à la baiser.

D'abord elle courut au hasard dans Paris, regardant aux fenêtres, se faisant éclabousser et maudire par tous les cochers.

Bientôt elle tomba mourante au coin d'une rue, devant la boutique d'une charbonnière qui eut pitié d'elle en voyant ses larmes et sa pâleur.

Cette femme sortit de sa boutique et souleva Margot qui lui montra la lettre de Jacques. La charbonnière, qui ne savait pas lire, appela son voisin, — savetier et savant du voisinage.

— Le bonhomme lut avec orgueil la lettre de Jacques, et la charbonnière, qui l'écoutait, devina que Margot n'avait pu arriver à la maison de son amoureux devenu riche.

— C'est une bonne œuvre de l'y conduire, dit-elle tout haut.

Et l'intérêt, qui parlait tout bas, murmurait :
— Une récompense t'attend.

Elle pria son voisin de veiller à la garde de ses charbons, et emmena Margot, en se répétant à chaque pas la rue et le numéro. Margot, qui se sentait revivre à la pensée de revoir son amant, bénissait la charbonnière et lui pressait la main avec reconnaissance. Elles arrivèrent devant la maison. Margot s'élança comme une folle dans la cour et gravit les marches du perron. La porte était entr'ouverte, elle en franchit le seuil et traversa deux salles désertes, en tendant les bras comme si Jacques allait apparaître.

Un valet l'arrêta tout à coup par la robe.

— Où vas-tu, petite?

Margot repoussa cet homme.

— Où je vais? je vais voir Jacques.

Le valet mit Margot et la charbonnière à la porte en disant qu'il ne connaissait pas M. Jacques.

Margot resta seule devant l'hôtel de Jacques. C'était à la nuit tombante; les lanternes s'allumaient; Margot s'enfonça sous le balcon pour s'abriter du vent et de la pluie. Elle pensait que Jacques était sorti, elle espérait le voir rentrer. « Il est sorti, se dit-elle, car s'il se fût trouvé là, je n'aurais point été chassée par ce mauvais homme. » Elle attendait avec angoisses, décidée à mourir là cette nuit si Jacques ne paraissait pas. Tout à coup la porte s'ouvrit à deux battants, et deux chevaux, traînant une élégante calèche, s'élancèrent rapidement de la cour dans la rue. Une charrette, qui passait alors, les arrêta soudain, et pendant le silence qui survint, Margot, renversée aux pieds des chevaux, entendit deux voix s'échappant de la voiture : la voix de Jacques et la voix de Clotilde.

Elle eut encore la force de pousser un grand cri.

Jacques pencha la tête vers elle.

— Jacques! Jacques! murmura-t-elle en levant les bras.

La première pensée du poëte fut de s'élancer à son secours ; mais la voiture repartit, mais il sentit la main de Clotilde, — et qui sait! — peut-être humilié par ce nom de Jacques qu'il avait pompeusement décoré comme sa personne, il étouffa les beaux sentiments qui s'agitaient dans son âme, et ne songea plus qu'à la joie d'être avec Clotilde.

Il fut même assez lâche pour prier Dieu d'avoir pitié de Margot.

XLIX

COMMENT JACQUES ARRIVA A LA GLOIRE

Par un de ces caprices bizarres de la destinée, Jacques, naguère perdu dans la foule, levait maintenant une tête radieuse. Tout le miracle, c'est qu'il a créé un journal, — *la Gazette des Sceptiques* — le journal de tout le monde. — Il a cent mille abonnés et en a refusé des millions. Éclaboussé la veille, il éclabousse aujourd'hui ; pauvre hier et dédaigné, il prend l'or à pleines mains, et déjà son oreille est lasse des louanges; esclave des libraires, il a fait les libraires esclaves de sa plume.

C'est une des plus rayonnantes étoiles du nouveau ciel littéraire. Il a éveillé l'enthousiasme des femmes, dont il a vanté l'empire et dont il a chanté les peines. Et les femmes reconnaissantes ont fait son apothéose.

Le garde-moulin de Martigny s'est vu tout d'un coup l'homme du jour.

C'était au temps où la poésie de la province débordait à Paris; tous les matins il arrivait de la Gascogne et de la Bretagne quelque poëte imberbe qui accrochait à son nom trop prosaïque le nom de son village; on riait d'abord avec ses amis de sa noblesse chimérique, bientôt on ne riait plus; puis on finissait par se croire noble et par souffleter ceux qui en doutaient.

Jacques avait donné dans cette jolie mode; il était entré dans la *république des lettres* sous le nom de *Jacques de Martigny*. Mais quand il vit son rayonnement soudain, il rejeta, dans son éblouissement, son prénom contre un titre sonore; — il se fit appeler le *comte de Martigny*.

Au grand dépit de ses envieux, qui avaient l'esprit — quel vieil esprit! — de dire partout qu'il faisait des contes de fées.

Il y avait alors une autre manie non moins bouffonne parmi les gens de lettres : — ces messieurs trouvaient qu'il était trop commun d'avoir un air français; — aussi vit-on dans ce temps-là beaucoup de costumes et de styles qui ne l'étaient pas.

M. le comte de Martigny revêtit un costume bizarre pour la promenade ; et, sans doute, afin de mieux cacher son origine, il se couvrit d'une robe de nabab dans son cabinet de travail. Grâce à ses moustaches tombantes, à sa nonchalance orientale, à ses yeux retroussés, on put croire qu'il descendait en droite ligne de quelque grand seigneur de la Chine.

Vous voyez que Clotilde et la Renommée l'ont étrangement métamorphosé.

Or voici comment le garde-moulin de Martigny arriva si vite à la gloire.

Avant de créer son journal, il laissa croître ses cheveux, sa barbe et ses ongles comme un sauvage ; — il prit un œil errant, une mine terrible, et décora sa main gauche d'une manchette à la Buffon.

Afin d'avoir un style original, il s'affubla d'une belle maîtresse, disant : *le style c'est la femme.*

Il imprima en lettres gigantesques son nom sur les murailles, et, après avoir maudit le siècle qui le méconnaissait, il se brûla la cervelle.

Tous les journaux déplorèrent sa mort, — et il ressuscita trois jours après.

Et comme le bruit de son suicide l'avait mis à

la surface, il s'agita de toutes ses forces pour y demeurer.

Il alla de Paris à Corbeil, et publia ses impressions de voyage en Océanie.

Il prit à son service un petit Savoyard, qu'il revêtit d'un costume rouge, et dont il teignit en noir la figure.

En sorte qu'on disait partout : — Le nègre de Jacques de Martigny, — et, plus tard, — de M. le comte de Martigny.

Il prit en outre à son service un paradoxe qu'il répéta mille fois en le métamorphosant.

En sorte que ce furent autant de paradoxes.

Il attaqua de grands noms, — parler devant des vases d'airain, c'est donner une majestueuse sonorité à sa voix.

Il s'attaqua lui-même avec un féroce acharnement.

Et tout le monde le plaignit, en maudissant son infâme détracteur.

Afin d'avoir un caractère original, il prit la manière de quelque poëte ignoré du xvi⁰ siècle.

Il se promena dans les rues avec une canne fantastique, — suivi d'un petit cochon blanc, — ou d'un chien d'outre-mer — qui renversait les passants.

Après quoi il créa *la Gazette des Sceptiques*.

Que fallait-il de plus pour illustrer à jamais un nom qui n'était pas son nom.

I

COMMENT JACQUES ARRIVA A CLOTILDE

———

Il était dans tout l'éclat de sa gloire, quand un soir, aux Bouffes, il découvrit avec une étrange surprise M. de Marcy qui se pavanait au balcon près d'une fille d'Opéra.

Emporté par je ne sais quel sentiment, il courut à lui.

— Et votre femme, lui dit-il, pâle et agité.

M. de Marcy, ivre d'amour et de vin d'Espagne, regarda Jacques et sourit avec dédain; mais, croyant reconnaître un ancien ami qui était devenu fou, il répondit en se penchant vers la fille d'Opéra :

— La voici, mon cher. — C'est une perle, n'est-ce pas?

— Mais Clotilde? reprit Jacques, plus pâle et plus agité.

M. de Marcy s'imagina qu'il avait devant lui quelque cousin vengeur; — il assombrit sa figure, il secoua la tête et murmura :

— Clotilde s'est oubliée, il m'est bien permis de l'oublier aussi.

A cet instant M. de Marcy se sentit pâlir; — il venait d'entrevoir dans une loge du fond sa femme et madame d'Ermanes.—Il fut convaincu que Jacques était un vengeur.

— Monsieur, lui dit-il en lui saisissant la main, je suis un galant homme et vous aussi. — Vous plaît-il de nous couper la gorge en l'honneur de ma femme ?

La fille d'Opéra fit la moue.

— La terre n'en tournera ni plus ni moins après cette équipée, reprit M. de Marcy ; mais je crois qu'il vaut bien mieux mourir avec les femmes, — M. de Marcy contemplait amoureusement sa maîtresse, — que de se tuer pour elles.

Jacques n'écoutait pas, il avait découvert Clotilde et il la regardait d'un œil égaré.

— Le plus sage, monsieur, serait d'aller dire à ma femme qu'il est dans la vie des jours de deuil où l'on fait pénitence de ses péchés.

Jacques courut à la loge de madame d'Ermanes, non pour répéter à Clotilde les paroles extravagantes de M. de Marcy, mais pour lui dire ces choses peut-être plus extravagantes :

— Je vous ai aimée avec délire, et voyez comme l'amour m'a transformé. — Autrefois j'étais à vos pieds, je domine tout le monde aujourd'hui, mais je vous aime et je suis encore à vos pieds.

Madame d'Ermanes n'entendait que la voix des chanteurs, Clotilde n'écoutait que Jacques, dont les paroles passaient dans son âme comme une enivrante musique. Et jamais musique ne fut plus puissante : l'âme égarée par la jalousie fut égarée par l'amour.

Le lendemain, Jacques vit Clotilde à ses pieds, lui offrant tout ce qu'il y avait dans son cœur. — Il crut y trouver un trésor d'amour : il y avait un flot intarissable de vanité : — Clotilde s'abandonnait à la passion de Jacques, non par amour pour lui, mais par amour pour elle, car elle espérait que sa gloire rejaillirait sur elle. Et puis M. de Marcy l'avait ruinée, et Jacques, sans avoir de fortune, vivait au jour le jour en grand seigneur.

Le soir où Jacques vit Margot sous les pieds de ses chevaux sans la secourir, il croyait encore à l'amour de Clotilde ; — car les poëtes, qui nous parlent les premiers du cœur humain, sont les derniers à le connaître. Les poëtes ne font que mensonges sur mensonges. — Et si leurs peintures étaient vraies, nous rougirions à chacune de leurs pages. — Il n'y a en ce monde que Margot qui ne rougirait pas. — La vérité est un monstre aux cent yeux ; chacun de ses regards nous dévoile une laideur dans la vie. — Bénissons la poésie qui essaye de l'aveugler de son écharpe ondoyante. — La vérité, c'est la terre dépouillée, — notre tombe à tous ; — la poésie, c'est le printemps qui cache la nudité de la terre sous la verdure et sous les fleurs.

LI

UNE PRIÈRE DE MARGOT

Margot, plus brisée encore par la lâcheté de Jacques que par sa chute aux pieds des chevaux, ne songeait pas à se relever.

— Autant mourir-là qu'un peu plus loin ! se disait-elle.

Un chiffonnier, trompé par les vapeurs du vin et par celles de la nuit, lança son crochet vers Margot.

— Attendez que je sois morte, murmura-t-elle.

Le chiffonnier pencha sa lanterne au-dessus de Margot.

— Ce n'est pas cela, dit-il froidement.

Et il passa son chemin sans s'inquiéter de la pauvre enfant.

Une femme qui mendiait dans l'ombre poursuivit un passant jusqu'aux pieds de Margot ; la voix pleurante de cette femme ennuyait le passant, qui, craignant de toucher une main de misère, laissa tomber un sou sur Margot. La mendiante s'agenouilla et chercha des yeux l'aumône du passant. Comme elle ne trouvait rien, elle accusa Margot de l'avoir volée. — Margot ne prit point la peine de se défendre.

— O mon Dieu! se dit-elle quand la mendiante se fut éloignée, dans quel horrible pays suis-je donc venue mourir?

Elle pensa à Martigny, à cette belle vallée aimée du soleil, des printemps et des dieux :

— un regret déchirant traversa son cœur.

— Martigny! Martigny! s'écria-t-elle, c'est là que j'aurais dû mourir; c'est le pays de ma mère, c'est le pays de mes amours : pourquoi ne suis-je pas morte au fond de la rivière!

Après un long silence :

— Et puis c'est à Martigny que sa mère est morte; un jour il se souviendra qu'elle repose là; il ira pleurer au cimetière, et, si j'y étais, il passerait peut-être sur ma fosse! On n'est pas fier au cimetière. Il ne craindra pas que ma dernière robe lui fasse honte !

Margot leva au ciel ses beaux yeux baignés de larmes :

— O mon Dieu! donnez-moi la force d'aller mourir à Martigny!

LII

LES NUAGES AU FOND DE LA RIVIÈRE

———

Margot eut encore la force de reprendre la route de la Champagne.

Je n'essayerai pas de vous peindre le triste tableau de ses souffrances. Je ne vous la montrerai point tantôt dévorant l'espace avec une sauvage rapidité, tantôt tombant épuisée sur le bord d'un chemin, et chassant de profonds soupirs vers

Paris. Le soir, elle abordait à quelque ferme isolée où l'on avait pitié d'elle; le matin, elle se remettait en route en priant pour ses hôtes. Si on lui demandait le but de sa course, elle répondait avec calme :

— Le cimetière de Martigny.

A ces étranges paroles on se disait tout bas :

— C'est une pauvre folle! que Dieu la conduise.

A peine de retour dans sa baraque, une fièvre plus ardente la saisit avec violence et passa sur sa jeunesse comme un souffle de la mort.

La mendiante vint prier pour cette belle âme qui s'élançait vers Dieu. La pauvre vieille aimait Margot comme sa fille; ses joies et ses souffrances avaient passé par son cœur, et elle la veillait à son lit de mort avec l'ardeur et la sollicitude d'une mère.

Quand se répandit le bruit de la mort prochaine de Margot, tout le village s'émut et la plaignit; tout le monde parla de son héroïque amour pour Jacques et de l'odieuse conduite du poëte ; tout le monde vint à la baraque essayer de consoler la malheureuse enfant.

Ses compagnes, qui furent les dernières à s'attendrir, passèrent tous les jours quelques heures avec elle. Les unes lui tressaient des couronnes, les autres cherchaient à la distraire par des chansons qu'elles chantaient ensemble autrefois.

Une de ces chansons agitait étrangement Margot, qui l'écoutait avec une joie douloureuse : la musique surtout arrachait des lambeaux de son cœur, — et pourtant ses yeux éteints se ranimaient, un sourire passait sur ses lèvres brûlées, et, dans un transport qui effrayait ses compagnes, elle s'écriait : — Chantez ! chantez toujours ! Cette romance, qu'elle avait chantée au beau temps de ses amours, était une traduction toute rustique de la ballade de Burger. Margot enviait la destinée de Lénore : au moins son amant avait reparu pour la conduire dans la couche de marbre.

Margot aimait la voix lointaine des cloches : cette voix solennelle lui rappelait la sérénité religieuse de son enfance. Elle croyait se réveiller dans un champ de roses qu'elle cueillait pour la Fête-Dieu.

A travers les vitres de sa fenêtre, tout encadrée de jasmins, elle voyait une grande nappe de verdure se déployer dans la vallée et se perdre dans les bruyères ; ce qui frappait surtout sa vue, c'était le penchant de la montagne, le sentier perdu sous le branchage touffu des noisetiers et des épines blanches ; c'était aussi l'ombre gigantesque que formait le moulin de Jacques au soleil levant.

Quand le vent s'apaisait le soir, Margot entendait le frémissement des ailes, et, tourmentée par le démon de son cœur, elle s'agitait dans son lit et tendait encore les bras vers l'image flottante de Jacques.

Elle voyait souvent dans ses souvenirs la petite rivière où elle s'était baignée les pieds avec un charme mélancolique ; elle voyait le joli bois de noisetiers où elle avait dénoué sa jarretière pour attacher sa chèvre ; elle voyait Jacques errant au sommet de la montagne.

Un jour que la mendiante venait de sortir, Margot, égarée par la poésie de ces souvenirs, passa une robe à la hâte, se couvrit les épaules d'un petit châle rouge, et s'enfuit à la rivière pour s'y baigner encore les pieds.

Il n'y avait plus de nuages sous les flots transparents : Margot ne vit dans l'eau que le bleu du ciel.

Elle s'en fut de là vers Martigny, pendant que la mendiante la cherchait partout avec une horrible inquiétude. Quand, au travers des saules pourpres de la prairie, elle entrevit la blanche muraille du cimetière, elle marcha plus vite, et en moins de quelques minutes elle atteignit la porte larmée. Avant de franchir le seuil, elle pâlit en songeant qu'elle n'aurait peut-être pas la force de revenir sur ses pas. Elle entra toute frissonnante et s'avança au hasard. Elle s'arrêta devant une fosse couverte d'une belle verdure où elle tomba religieusement agenouillée. C'était là que sa mère dormait pour l'éternité. Elle se releva bientôt et chercha des yeux le dernier rang des morts. Dans le coin du cimetière, elle découvrit la fosse de la mère de Jacques; l'empreinte de la croix des fossoyeurs n'était point encore effacée ; quelques touffes d'herbes parsemaient la terre et cachaient des os dispersés. Hormis un enfant enseveli dans la tombe de sa sœur, nul n'était mort à Martigny depuis la mère de Jacques. Margot, qui croyait mourir le soir même, eut un éclair de joie en pensant qu'elle serait à son côté. — Dans quelques années, pensa-t-elle, un même tapis d'herbe couvrira nos deux fosses; si Jacques y vient pleurer sa mère, j'aurai ma part de ses larmes.

Elle recula tout à coup — une vision l'avait frappée — elle s'enfuit avec épouvante en croyant que tous les morts du cimetière la poursuivaient.

Elle tomba évanouie au milieu du chemin ; deux faucheurs la transportèrent à la baraque.

Quelques jours se passèrent ; elle avait le délire et elle chantait. Rien de plus horrible que les chants d'une mourante : quand Margot chantait, la mendiante essayait de l'interrompre ou s'enfuyait tout éplorée. La pauvre femme n'avait jamais tant souffert qu'à la vue de cette lente et terrible agonie d'une martyre de l'amour. Elle ne se lassait pourtant point de la veiller. Elle s'aveuglait sur le travail de la mort, mais chaque jour lui montrait un nouveau ravage.

Pendant une nuit d'orage, Margot, qui semblait dormir profondément, s'éveilla tout à coup et tendit ses bras à la mendiante.

— Adieu, lui dit-elle d'une voix haletante, — adieu ! je me sens mourir. Si vous voyez Jacques, dites-lui que je l'ai bien aimé et que je l'attends au ciel. Ne lui dites pas qu'il est cause de ma mort, mais qu'il sache au moins que je meurs avec sa pensée. Hâtez-vous de m'embrasser, car dans un instant vous n'embrasseriez plus qu'une morte.

La mendiante pressa Margot sur son cœur.

— Tu ne mourras point, ma chère fille.

— N'essayez pas de me tromper, je vais mourir, j'entends déjà ma mère qui m'appelle.

— Tu entends le vent qui siffle.

— Le vent — oui, le vent ! — Si j'entendais le bruit du moulin, oh ! je mourrais sans regret !

La mendiante alla ouvrir la fenêtre.

— C'est cela, dit Margot en poussant un soupir.

La mendiante tomba à genoux et pria Dieu de recueillir l'âme de Margot.

LIII

LE RETOUR DE JACQUES

Aux tremblantes clartés d'une petite lampe de terre, la mendiante priait devant le lit et regardait la face livide de Margot. Le vent d'orage sifflait dans les arbres, passait par la fenêtre entr'ouverte, comme le chant des funérailles.

Mais l'aurore chassa l'orage et le soleil jeta

comme les autres jours son premier rayon dans la baraque.

La mendiante poursuivait ses lamentables prières.

Le premier rayon du soleil baisa la bouche de Margot : la bouche glacée fut insensible à ce baiser.

L'alouette s'éleva dans le ciel en chantant sa joie : Margot n'entendit point sa joyeuse chanson.

Les brises toutes chargées de l'arome des fleurs secouèrent leurs bouffées autour de la baraque : Margot ne s'éveilla pas pour respirer ces parfums.

Tout à coup la porte s'ouvrit avec fracas et un homme s'élança vers le lit.

Cet homme avait des vêtements de toile blanche, comme Jacques autrefois.

C'était Jacques.

Il se jeta sur Margot et l'étreignit en lui criant :

— Mais réveille-toi donc.

— Elle est morte, dit la mendiante ; elle ne se réveillera plus.

— Morte! quand je viens à elle plein d'amour et de repentir. — Réveille-toi, Margot, je suis là, sur ton cœur, je reviens à toi !

Margot ouvrit ses yeux. — L'âme, qui avait pris le chemin du ciel, entendit les paroles de Jacques et vint ranimer le corps qu'il embrassait.

— C'est toi ! dit-elle en ouvrant les yeux. C'est toi ! tu viens de Paris ?

— Non, je reviens du moulin ; vois plutôt, je suis tout enfariné.

LIV

LE SAGE ET LE FOU

Le soir de ce beau jour, la jeunesse avait triomphé de la maladie.

Déjà Margot n'était plus si pâle, et quelques éclairs passaient dans ses yeux.

Jacques, amoureusement penché sur son lit, la regardait avec passion.

— Hélas! lui dit-il, j'usais follement ma jeunesse, j'étouffais ma nature pour devenir un mauvais comédien de la scène du monde ; je cherchais au loin la poésie quand la poésie était à mes pieds ; je fuyais l'amour, et je le cherchais où il n'est pas ; j'ai trouvé la gloire, mais j'avais perdu ma belle montagne et mon vieux moulin ; j'ai trouvé Clotilde, mais je t'avais perdue, Margot ; j'ai trouvé la fortune, mais j'avais perdu mon beau soleil de Martigny dont un seul rayon vaut la gloire, la fortune et Clotilde. Les fleurs ne sont belles que sur le sol natal ; je n'ai eu de bonheur que sur ma montagne, et j'y reviens plus humble que jamais. Mon amour pour toi n'était pas mort, l'orgueil l'avait renversé, un de tes souvenirs a tué l'orgueil, et je t'aime comme autrefois — et je veux t'aimer toujours pour te faire oublier ma lâcheté.

— Je ne me souviens que de ton amour, dit Margot, folle de joie.

— Je souffrais comme un martyr au milieu de

ma fausse gloire, reprit Jacques. Un jour, un dimanche, j'ai jeté un regard en arrière, j'ai vu ma vie passée, je t'ai vue, Margot, et mon cœur a battu avec violence ; j'ai pleuré, et mes larmes ont déchiré le voile qui couvrait mes yeux. Aussitôt que j'ai revu la lumière, j'ai laissé la mauvaise route et je suis revenu à toi.

Jacques avait doucement porté Margot dans son verger, au milieu de ses chères bêtes, pour qu'elle respirât les savoureux parfums d'un soir de juin.

La pauvre enfant caressait d'une main joyeuse sa vache brune qui mugissait doucement comme pour lui parler. Tout le monde prenait sa part de la fête ; le moulin voletait plus rapide, la chèvre bondissait devant les buissons en fleur, le chat trônait sur les genoux de sa maîtresse ; il n'est pas jusqu'au cochon qui n'exprimât sa joie porcine en se roulant dans le trèfle mouflu.

A cet instant, une chaise de poste s'arrêta

devant la baraque, et Clotilde apparut au seuil de la porte. Elle accourait de Paris pour ressaisir sa proie.

Voyant son amant si mal équipé, elle recula avec dédain.

— Vous devenez fou, monsieur !

— Je deviens sage, madame !

Clotilde disparut en jetant sur Jacques et sur Margot un sourire moqueur.

Elle retourna à Paris, où elle ne songea même pas à oublier le poëte.

Hier, c'était la maîtresse du duc de ***, demain, ce sera peut-être la vôtre.

LV

OU LE LECTEUR LE MOINS CLAIRVOYANT
LIRA LA SUITE
DES AVENTURES GALANTES DE MARGOT

. . . .
. . . .

TABLE

I. — Où Margot ne sait pas si elle est belle............ 1
II. — Où mademoiselle Clotilde fait oublier Margot.... 9
III. — Où l'on voit briller les yeux de Jacques et la lampe de Margot............................. 15
IV. — Jacques tombe en bas de son âne, et ne pouvant presser mademoiselle Clotilde sur son cœur, il y presse amoureusement des épines...... 19
V. — Un garde-chasse sentimental apprend à Margot que Cupidon est l'antipode de Mars......... 25
VI. — D'une jarretière, d'un pied mignon, etc........ 31
VII. — Métamorphose de la jarretière.............. 35
VIII. — Pauvre Jacques!......................... 39
IX. — Les lavandières........................... 43
X. — Dans la baraque de Margot 49
XI. — Les lèvres de Margot et le front de Jacques...... 57
XII. — Mademoiselle Clotilde demande à un rosaire si elle aime Jacques............................ 61
XIII. — Une mouche, un chat, un regard............ 67
XIV. — Margot arrache le rideau de son lit.......... 75

XV. — Les métamorphoses............................	79
XVI. — Menus propos de bêtes....................	83
XVII. — Margot voit en songe les baisers de deux ramiers.	91
XVIII. — La lune met la tête à la fenêtre de la baraque et regarde dans le lit de Margot............	97
XIX..	101
XX. — Où l'auteur ne sait plus ce qu'il dit............	109
XXI. — Margot se jette à la rivière....................	115
XXII. — La science de Jacques......................	121
XXIII. — Jacques s'enivre d'amour et Margot pleure...	125
XXIV. — Le fil d'or qui ne rompt qu'à la mort........	131
XXV. — Entre deux femmes..........................	137
XXVI. — Au bord de l'eau............................	143
XXVII. — Le mariage de Jacques....................	151
XXVIII. — Le garde-chasse maudit sa culotte amarante.	155
XXIX. — Margot regarde voler les hirondelles........	161
XXX. — La jarretière dont l'univers saura bientôt la couleur..	167
XXXI. — L'histoire de la jarretière..................	171
XXXII. — Le garde-chasse et Margot s'en vont au lit nuptial..	175
XXXIII. — Jacques et son moulin....................	181
XXXIV. — D'une larme qui vient trop tard............	187
XXXV. — Jacques enlève Margot......................	191
XXXVI. — D'une brume qui sépare les amants........	197
XXXVII. — Margot s'en revient à la baraque..........	203

TABLE

XXXVIII. — Sur le chemin de Jacques...............	207
XXXIX. — Margot devient veuve sans avoir rien perdu.	211
XL. — Margot s'en va à la recherche de Jacques.......	217
XLI. — M. de Marcy fait une ceinture à Margot, et Margot égratigne M. de Marcy.............	225
XLII. — Le cœur de Margot......................	231
XLIII. — Honni soit qui mal y pense................	237
XLIV. — Jacques abuse de la simplicité de Margot....	241
XLV. — Le printemps, qui a plus d'esprit que Jacques, cueille des roses sur le sein de la nature....	251
XLVI. — Margot dégrafe son corsage et voit sa blancheur au fond de son miroir....................	257
XLVII. — Margot voit en songe le retour de Jacques...	261
XLVIII. — Margot. — Jacques. — Clotilde..........	265
XLIX. — Comment Jacques arriva à la gloire........	271
L. — Comment Jacques arriva à Clotilde............	277
LI. — Une prière de Margot......................	283
LII. — Les nuages au fond de la rivière.............	287
LIII. — Le retour de Jacques.....................	295
LIV. — Le sage et le fou.........................	299
LV. — Où le lecteur le moins clairvoyant verra la suite des aventures galantes de Margot..........	301

F. Aureau. — Imp. de Lagny

www.ingramcontent.com/pod-product-compliance
Lightning Source LLC
Chambersburg PA
CBHW060418170426
43199CB00013B/2188